गिल्लू की नयी कहानी

अनबाउंड स्क्रिप्ट

गिल्लू की नयी कहानी

ISBN : 978-81-19745-31-9

प्रथम संस्करण : फरवरी, 2024

प्रकाशक : अनबाउंड स्क्रिप्ट
बी-10, सेवेन वंडर्स बिजनेस सेंटर,
प्लॉट नं. जी- 20 बेसमेंट, प्रीत विहार,
नई दिल्ली -110092

वेबसाईट : **www.unboundscript.com**

ई-मेल : **books@unboundscript.com**

GILLU KI NAYI KAHANI

by Dr. Nidhi Agarwal

मूल्य : ₹ 299/-

मुद्रक : यश प्रिंटोग्राफ़िक्स, उत्तर प्रदेश

गिल्लू की नयी कहानी

डॉ. निधि अग्रवाल

अनबाउंड स्क्रिप्ट

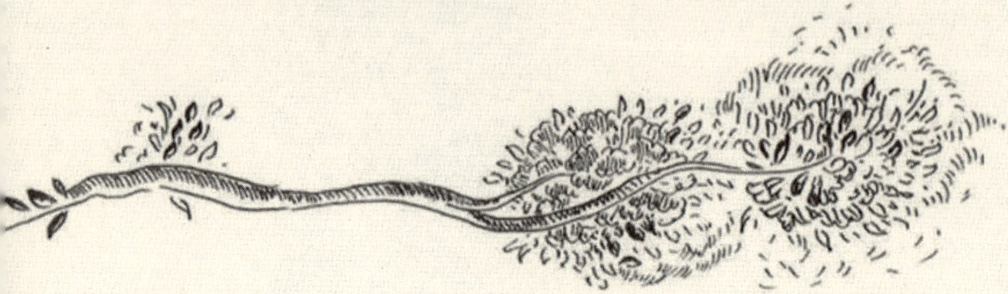

एक सुंदर निर्मल स्नेहिल दुनिया की आस संग

प्रिय दिवा और उसके दोस्तों के लिए।

I have my way of praying,
as you no doubt have yours.

- Mary Oliver

एक आशियाना ढूँढ़ते हैं

12 मार्च, 2020

गौरैया के घोंसले को बचपन में पहले-पहल तब देखा तब रसोई की स्लैब पर चढ़कर टांड से मम्मी को कोई चीज़ पकड़ा रही थी। तितर-बितर घोंसले में नन्हे-नन्हे अंडे थे। एक उठा कर मम्मी को दिखाया, “देखो!”

दादी बोलीं, “अरे छुओ नहीं। महक आ जाती है तो चिड़िया छोड़ देती है।”

मेरे लिए बड़ा अचरज था कि बाहर लगे आम, अमरूद और शहतूत के पेड़ को छोड़ नन्ही चिड़िया ने पूरी ‘स्टन्टमैन’ बनकर एक्सहॉस्ट फैन के लिए बने छेद से रसोई में दाख़िल हो वहाँ घोंसला बनाया था। बाद में जाना कि हमारी तमाम उपेक्षा के बावजूद गौरैया को हमारा सामीप्य भाता है। एहतियात के तौर पर एक्सहॉस्ट फैन का प्रयोग बंद कर दिया गया और कुछ दाना-पानी रसोई में रख दिया गया पर मेहनती चिड़िया लगातार बाहर-भीतर होती रहती।

समय बीता, न केवल सड़क और शहर से बल्कि घर के भीतर से भी पेड़ कटते गये और कंक्रीट उगते गये। अचानक एक दिन अहसास हुआ कि गौरैया अब नहीं दिखती। झाँसी में इंजीनियरिंग कॉलेज के कैंपस में भी मोर, तोते, नीलकंठ और न जाने कितने पंछी आस-पास रहे लेकिन गौरैया नहीं दिखी। अभी मयूर विहार

वाले घर के पीछे पेड़ों का झुरमुट है। कई कंटीली झाड़ियाँ भी। किसी संध्या को जब मन और मौसम दोनों अनुकूल हों तब छत पर जाने पर पंछियों के झुंड जैन मंदिर से लेकर दूसरी दिशा में स्थित पहाड़ी तक गोल-गोल चक्कर काटते दिखते हैं। वैसे ही जैसे नन्हे बच्चों का कोई चंचल समूह किसी पार्क के चारों ओर साइकिल चलाता हो। घर के ठीक पीछे टेसू के पेड़ को कोयल की कूक आबाद करती है। इसे यहाँ छोयले का पेड़ भी कहते हैं। इसकी सूखी लकड़ियों से ही हर नवरात्रों में मैं छोटे से हवन कुंड में हवन करती हूँ। यह ईश्वर से अधिक अपने बचपन और माँ के क़रीब बने रहने का उपक्रम है।

सुनती हूँ यह ज़मीन ग्राम पंचायत की थी फिर जाने कैसे बेच दी गई। अब यह जिनके पास है, उन भाइयों में विवाद होने के कारण यूँ ही पड़ी है। कुछ विवाद बने रहें तो बेहतर है! सोचती हूँ कि वन विभाग इस ज़मीन को क्यों नहीं ले लेता। जाने कितने ही पंछियों का यह नैतिक बसेरा है। मेरी सामर्थ्य होती तो यह ज़मीन खरीदकर अवश्य ही इन बेज़ुबानों के नाम कर देती। कभी यह जंगल नहीं रहेगा, इसकी कल्पना मात्र से मेरा मन अवसाद से भर आता है।

अभी के लिए यहाँ मन का सबसे बड़ा सुकूँ यह है कि नन्हीं गौरैया यहाँ ख़ूब नज़र आती है। मेरे घर में आँगन के पाइप के पीछे, सीढ़ियों पर लगे विंडो ब्लाइंड के पीछे, बिजली के बोर्ड पर और ए.सी. की आउटडोर यूनिट के अंदर इसके पसंदीदा ठिकाने हैं। आँगन का पाइप एकदम अनुकूल जगह है; उसके लिए भी

और हमारे लिए भी। ब्लाइंड्स के पीछे तिनके टिकाने के लिए कोई आधार नहीं है, तब भी नादान चिड़िया की ज़िद है- आशिया वहीं बनाने की। तिनकों को आधार देने वहाँ एक दुपट्टा बाँध उसकी ज़िद में हम सहायक बनते हैं। विक्रम हँसते हैं कि तुम ग़लत आदतों को बढ़ावा दे रही हो। वहीं बगल में एक बर्ड हाउस भी लगाया गया, जिसे उसने पूरी तरह नकार दिया है। बिजली के मेन बोर्ड के पीछे की जगह उसके और हमारे दोनों के लिए ख़तरनाक है। कई बार शार्ट सर्किट हो जाता है, लेकिन उसका प्रवेश रोक पाने का कोई तरीका अभी समझ नहीं आता। वहाँ पास ही लगाया गया एक बर्ड हाऊस 'TOLET' के बोर्ड के साथ ख़ाली ही रह जाता है।

ए.सी. यूनिट के भीतर घर बनाने वाली चिड़िया समझदार है। ए.सी. यूनिट को कवर कर वहाँ एक गमला लटका देने से पिछले चार बार से वह मज़े से उसी के अंदर बसेरा बनाए है। वह भी ख़ुश और हम भी।

पिछली दफ़ा आया डव का जोड़ा इस बार फिर लौटा है। वे डरें नहीं इसलिए सबको बालकनी में न जाने की हिदायत दी गई है। फिर भी जाने कैसे एक बड़ा स्टूल ठीक घोंसले के नीचे ख़ुद ही चलता पहुँच गया है। हमारे घर में ऐसी मायावी घटनाएँ प्रायः हुआ करती हैं।

इधर जब इन आसमानी वाशिंदों से ध्यान हटा, मैं ज़मीन पर लौटती हूँ तब देखती हूँ कि 12-15 फिट संकरी गली में एक और अस्पताल अपने पैर पसारने को आतुर है। नियमानुसार 40 फिट से कम चौड़ी सड़क पर कोई ऐसी व्यावसायिक बिल्डिंग नहीं बनाई

जा सकती। किन्तु सब चलता है की भारतीय मानसिकता से हम कब उबर पाते हैं! लाखों रुपए लगाकर, सभी नियमों की धज्जियाँ उड़ाकर अस्पताल बनाएँगे फिर हर महीने सरकारी अधिकारियों को रिश्वत देंगे, उनकी जी-हुज़ूरी करेंगे और सरकार व करप्शन को गाली भी देंगे, लेकिन सुधरेंगे नहीं। इन गलियों से निकलने के लिए 5 मिनट के सफ़र में मुझे सभी बाइक हटवाते और बीच सड़क में पार्क की गई गाड़ी का ड्राइवर ढूँढते 30 मिनट लग जाते हैं और कभी-कभी कार छोड़कर वहाँ से पैदल निकलकर ऑटो लेना पड़ता है। ऐसे में किसी मरीज़ को इमरजेंसी में वहाँ से लाने-निकालने में लगने वाले समय और उसके दुष्परिणामों की कल्पना कीजिए।

इन सबके बीच फिर मैं अपने घरौंदे को देखती हूँ-क्या कभी मुझे भी इसे छोड़कर कोई नया आशियाँ तलाशना पड़ेगा और भीतर उठती हुक को दबाते रंग-बिरंगी बोगेनवेलिया के उन बड़े-बड़े गमलों को देखती हूँ, जो पूरी सड़क पर दोनों ओर रखने के लिए हमने बनवाए हैं।

पंछियों का घर छिन जाने का भय सदा मन में बने रहने का परिणाम यह हुआ कि एक छोटा-सा जंगल घर के बराबर के ख़ाली प्लॉट में बनवा दिया गया। आम, नींबू, पारिजात, मधुकामिनी, छतनार सहित कुछ जंगली पेड़ों से बने इस जंगल का महत्त्व तब और बढ़ा जब घर के पीछे के जंगल पर प्लॉटिंग शुरू हो गई।

इस झुरमुट में से अनेक पंछी एक साथ उड़ान भरते और आश्रय पाते। गिलहरियाँ एक डाल से दूसरी डाल पर उधम मचातीं। बंद गली का दूसरा मकान होने की कठिनाई झेलते हुए भी हम कभी अपने इस परिवार को छोड़ नहीं पाए। आगे जो कुछ भी

लिखूँगी सब कुछ इसी बियाबान में पला और घटा है। यह किताब दिवा और उसकी सहेलियों के नाम है, जिन्होंने इसका बेसब्री से इंतज़ार किया है। इस कारण भी कि दिवा इस घटे का लगातार अपने फ़ोन से वीडियो बनाती और हम गुस्सा होते कि क्यों व्यर्थ ही स्पेस भर रही हो। लेकिन जब गिल्लू के विषय में लिखना शुरू किया तब उन वीडियोज़ से सही तारीख़ दर्ज करने और स्मृतियों को रिस्टोर करने में बड़ी मदद मिली।

जाम पहियों का संगीत

22 मार्च, 2020

बीते बरस इन दिनों ही भागती हुई ज़िंदगी अचानक ठहर गई थी। कोलाहल शांत होने पर उपेक्षित गीत सुनाई देने लगे थे। पहली दफ़ा जाना कि पंछी सांझ-सकारे ही नहीं भरी दोपहर में भी चहचहाते हैं। एक पेड़ भी घर के आस-पास हो तो उस पर अनगिन पंछी बसेरा पाते हैं। मादा कोयल को इन्हीं दिनों देखा और जाना कि वह कौए जैसी बिल्कुल नहीं दिखती। चमकदार बैंगनी नन्ही चिड़िया को अपने बगीचे में मंडराते देख तो हम झूम उठे। यह शकरखोरा या फुलसुंघनी था। कोई आश्चर्य नहीं कि उन दिनों लिखी गई कहानी 'क्वारी मन बगिया कोयलिया कुहुक गई' की नायिका के साथ भी यह नन्ही चिड़िया निरंतर बनी रही।

अपने कमरे से लगी बालकनी के पंछियों के लिए दाना-पानी रखना शुरू किया था और दोस्तों से न मिल पाने का दुःख महसूस करने का फिर कभी समय ही न मिला। पूरा दिन इन नन्हे अतिथियों की आवभगत करते बीत जाता। ये ख़ुशियों की पर्ची बड़ी तेज़ी से बाँटते हैं। पंछियों की संख्या निरन्तर बढ़ती चली गई। इन्हीं के साथ चली आईं चंचल, चौकन्नी गिलहरियाँ।

इन्हीं दिनों हमने जाना कि किस तार पर कौन-सी चिड़िया किस समय बैठती है। शाम छत पर घूमते हुए मैंने दिवा से कहा-

"देख आज दो डव हैं। एक छोटा नहीं लग रहा? बच्चा होगा।"

दिवा ने कहा- "हम चिड़िया को देखते हैं। क्या चिड़िया भी हमें देखती होंगी, मम्मी?"

"ज़रूर देखती होंगी। वह भी अपने बच्चे से कह रही होगी कि पहले तो एक इंसान घूमता था। इन दिनों दो हैं। छोटा वाला कितना क्यूट है! बच्चा होगा।"

वह खिलखिला उठी।

"अच्छा दिवा, पंछियों को पापा और मैं एक से दिखते होंगे न! जैसे हमें दोनों डव एक से लगते हैं।"

वह फिर से हँसी।

"मतलब हम जो सुंदर कपड़े पहनते हैं, सजते-सँवरते हैं, उनका पंछियों के लिए कोई महत्व नहीं है। उन्हें माधुरी दीक्षित से लेकर रानू मंडल तक सब एक से ही दिखते हैं- खतरनाक इंसान; जिन्हें देखते ही उड़ जाना है।"

"हो सकता है उन्हें हमारे कान सींग जैसे लगते हों और बाल साही के काँटे जैसे..."

"... और हमारे हाथ चमगादड़ के पंख जैसे और आँखें वैंपायर जैसी लाल!"

"उन्हें रंग दिखते हैं?"

"हाँ, हमसे भी बेहतर, बल्कि रंगों के उन अल्ट्रावायलेट (पराबैंगनी) स्पेक्ट्रम को भी, जिन्हें हमारी आँखें नहीं देख पातीं।"

"तब उन्हें हम ज़रूर डरावने दिखते होंगे।" दिवा ने बेचारगी से कहा।

पंछियों के अपने प्रति इतना जजमेंटल होने पर हम बड़े मायूस हुए और पंछियों के एक बड़े झुंड को आकाश में परिक्रमा करते देखने लगे।

क़ुदरत का दस्तरख़ान

जब रुके हुए पहिए घूमे, शहर छोड़कर बाहर जाना तय हुआ तो सबसे पहले इनके खान-पान की चिंता हुई। ऐसे मेहमान, जो मेरे लौटने पर दौड़कर मेरे पास भी न आने वाले थे, उनके लिए निरन्तर दूर शहर से स्टाफ को दिशा-निर्देश जारी किए जाते रहे। लौटने पर मन मायूस था। पंछी कम जो दिख रहे थे। तोते ने पलट कर बाजरा नहीं देखा। डव और गौरैया अभी भी भोग स्वीकार रहे हैं पर ज्यों बस मुँह झुठलाते हों! गिलहरी खाने के संदर्भ में कोई अहम् नहीं रखती। उसके होने से दाना रखने की उमंग बनी रहती है। हम चिड़ियों के लिए अलग भोजन की जुगत लगाते हैं और वे उस तक पहुँचने की। कुछ देरी से ही सही घर के पास वाला टेसू फूल गया

है। मैना, बुलबुल, तोते, गिलहरी, फूलसुँघनी इस आग के मोह में पतंगों से खींचे चले आते हैं। जंगल में बेरियाँ भी पक गई हैं। जब दस्तरख़ान क़ुदरत ने स्वयं बिछा दिया हो तब मेरी रूखी-सूखी रसोई ये भला क्यों स्वीकारेंगे! ये पंछियों के उत्सव के दिन हैं।

मासूमियत का तिलिस्म

9 अप्रैल, 2021

मैं सीढियाँ उतर रही थी जब हमारे रसोइए संतोष ने दरवाज़े से प्रवेश किया। उसके चेहरे पर एक रहस्यमयी मुस्कान थी और उसके हाथों में कुछ छिपाए होने का अहसास हुआ।

"क्या है?" मैंने पूछा।

"गिलहरी का बच्चा।"

"गिलहरी का बच्चा?"

"क्या है मम्मी?" दिवा चहकी।

"गिलहरी का बच्चा? गिलहरी का बच्चा कहाँ मिला तुम्हें?" मैं दिवा को उत्तर न देकर अभी संतोष से जानकारी जुटा रही थी।

"यहीं आँगन में... गमले में बैठा था।"

"आँगन में?"

"हाँ, ऊपर से गिरा होगा।"

मैंने आँगन के ऊपर लगे लोहे के जाल की ओर देखा। घर के पीछे जंगल है पर पेड़ दीवार से सटे हुए तो नहीं हैं। इतना छोटा बच्चा दो फ़्लोर ऊपर जाल तक कैसे पहुँचा? टेम्पोलीन पर जम्प करके? नहीं-नहीं, इतनी भी हाईटेक नहीं हुई अभी जंगल की दुनिया।

"इसका घोंसला देखो। इसे जल्द से जल्द इसकी माँ को सौंपना होगा। यह उसके बिना नहीं रह सकता।"

"यह तो सुबह से लैब में खेल रहा है।"

"सुबह से?" मुझे शॉक लगा।

"हाँ।"

"अरे... इसे कुछ खिलाया भी? भूखा है सुबह से?"

"पानी पिला दिया था।"

"पी लिया था?"

"हाँ।"

"हमें बताना था न। कुछ खिलाओ इसे।"

"क्या खाएगा! छोटा है बहुत।"

"तब? दूध पिएगा क्या।"

"हाँ।"

"फुल क्रीम गरिष्ठ तो नहीं हो जाएगा इसके लिए?"

"गाय या बकरी का दे सकते हैं।"

"अरे, अब वो किधर मिलेगा?"

"पानी कितनी बार पिलाया था?"

"सुबह पिला दिया था।"

"फिर?"

"—-"

"सुबह से कुछ नहीं दिया इसे?"

"चलो, थोड़ा पानी ही दो इसे सबसे पहले।"

एक छोटे बर्तन में पानी दिया गया जिसमें से चंद बूँदों को नन्हे जीव ने आतुरता से ग्रहण कर लिया।

"बस-बस, ज़्यादा न दो। नहीं तो दूध नहीं पिएगा। दूध की मलाई हटाकर, पानी मिलाकर दे दो इसे।"

संतोष उसे लेकर रसोई की ओर बढ़ा।

"हमें दो।"

मैंने ताकीद की। आख़िर में मालिकन थी। इस घर के दायरे में आई हर ख़ूबसूरत चीज़ पर, जंतु पर मेरा हक था। हाथ में लेना चाहा पर उसके स्पर्श से अकबका गई। वह बेहद छोटा और नाज़ुक

था। वह मेरी हथेली पर ऊपर चढ़ने लगा तो चीख निकल गई। चंद्रकला त्रिपाठी मैम के शब्दों में कहूँ तो 'इतनी सारी कोमलता ने मुझे पहली बार छुआ था।'

"मम्मी! डराओ मत उसे।" दिवा चिल्लाई।

उसे संतोष के हाथों में वापस देते हुए मैंने दिवा को घूरा।

"इसे टब में रखकर बालकनी में ले चलो।"

झटपट व्यवस्था की गई। चिड़िया के लिए लाया गया बाजरा दिया गया जिसमें उसने कोई रुचि नहीं ली।

"बाक़ी गिलहरियाँ तो इसे चिड़िया से लड़कर खाती हैं पर यह शायद छोटा है।" मैंने कहा। गूगल बाबा की शरण ली गई। दिवा ने बोला-

"व्हाट टू डू व्हेन यू फाइंड स्क़ुयरैल बेबी?"

आख़िर बोलने से ही तो सब कुछ होता है। बड़ी बिटिया शुभी, नानी के घर थी। वीडियो कॉल किया गया।

"देखो क्या है हमारे पास!"

"क्या है? चूहा?"

"चूहा? चूहा दिखता है यह तुमको। हद है।"

"ओ माय गॉड! गिलहरी है!"

"जी।"

“कहाँ से ले आए?”

“ख़ुद ही आ गई।”

“कुछ खिलाओ?”

“वही सर्च कर रहे हैं।”

नए वातावरण और अजनबियों के बीच वह घबराया-सा चूंचूं-चींचीं आवाज़ निकाल रहा था। मिट्टी के उस बर्तन से बाहर आने की कोशिश भी।

“यह इतना डर क्यों रहा है?” शुभी ने चिंता जताई।

“क्योंकि हमारी शक्ल इसकी मम्मी से नहीं मिलती।” मैंने मायूसी से कहा।

“दिवा को पूँछ लगाकर देखो। वह खिलखिलाई।” फिर उदास होकर बोली, “पंछियों और इन नन्हे जीवों की यही बात अखरती है कि वे हम पर तनिक भी भरोसा नहीं करते। निश्चित ही उनकी नज़रों में हम किसी दैत्य सरीखे भयानक और अविश्वसनीय दिखते हैं।”

“हम्म्म, हम भी यही सोच रहे थे। है तो यह ईश्वर की ज़्यादती पर किया क्या जाए।”

“धीरे बोलो यह डर रहा है।” दिवा फुसफुसायी और वह सही थी।

“हेलो!” मैंने स्नेहसिक्त मंद स्वर में कहा।

"हेलो!" दिवा ने उमंग में कहा।

"—-"

"कैन यू से हेलो? आर यू अ मेन? आर यू अ सीक्रेट स्पाई बर्ड? आर यू अ सीक्रेट स्पाई स्क्वुयरैल?" यह दिवा के अलावा और कौन हो सकता था भला। वह इस आरोप से डरकर और दुबक गया। 'हद है' के भाव से मैंने दिवा को घूरा।

इन प्रश्नों की बौछार से घबराए शिशु को मैंने दुलार से पुकारा- "बेटू!"

उसने मेरी और देखा। जी हाँ, बिल्कुल देखा था। आप मानें चाहे न मानें।

"मुझे भी इसे छूने का मन है पर डर लगता है।" दिवा की अलग ही समस्या थी। मुझे डर नहीं लग रहा था पर उसके कोमल देहस्पर्श से एक झुरझुरी महसूस होती थी।

"बेटू!" मैंने पुचकारा। परिचय का सूत्र तलाशते हुए आगे पूछा-

"महादेवी जी को जानते हो।"

उसने 'हाँ' में सिर हिलाया।

"तब हम एक ही फैन क्लब में हुए।"

"उन्होंने ही तुम्हारा नाम गिल्लू रखा था।"

उसने फिर से सिर हिलाया।

"इंटेलीजेंट है, सब जानता है।" दिवा चहकी।

नामकरण गिल्लू हो गया। मैंने झिझक के साथ उसे हथेली पर रखते हुए उसका सिर सहलाया। वह स्नेहसिक्त स्पर्श पाकर कुछ आश्वस्त हुआ और और मेरी हथेली में दुबक गया। हथेली की कोमल ऊष्मा से उसे खुरदरे टब में रखना सही नहीं लगा। पुराने सूती दुपट्टे की तह लगाकर उस पर गिल्लू को बालकृष्ण की भाँति विराज दिया गया। वह और सिकुड़ कर बैठ गया। अब सोचने का विषय यह था कि भोग किस चीज़ का लगाया जाए। एक छोटी-सी प्लेट में दूध लाया गया।

"संतोष अंकल, इसको ठंडा मत देना नहीं तो यह मर जाएगा।"

इन गूगल अंकल का बच्चों के पास पहुँचना आप कम खतरनाक समझते हैं! मैंने अब पहले दूध का तापमान परखा। फ्रीज़ से निकला एकदम ठंडा था। गर्म करने वापस भेजा फिर जैम की शीशी के ढक्कन में दूध दिया गया।

कुछ बाजरे के दाने डाले गये। ब्रेड दी गई। गिल्लू ने अपने छोटे से मुँह से दूध के कुछ घूँट भरे। जन साधारण में हर्ष की लहर दौड़ गई।

लीजिए लग गई नज़र। अब और नहीं पीता।

"तुम लोग नहीं पीते थे तो मुँह खोलकर चम्मच से डाल देते थे। इतनी छोटी चम्मच कहाँ से लाऊँ?"

अब दिवा ने ख़ुद को बचपन में मतलब अपने बहुत छुटपन में पाया।

"चम्मच से पी लेते थे हम?" वह आवाज़ कोमल करती स्वयं पर लाड़ लड़ाती बोली।

"नहीं फुर्र करके हमारे ऊपर थूक देते थे।" मैंने सच उस तक पहुँचाया। उसने संतोष के सामने उसकी इमेज़ में पलीता लगाने के अपराध के लिए मुझे नाराज़गी से घूरा। मैंने एक झेपी हुई माफ़ी उसकी ओर बढ़ा दी। 'सॉरी' कमाल का शब्द है।

"ड्रॉपर है?" संतोष से पूछा।

"ड्रॉपर तो... नहीं है।" वह सोचता हुआ बोला।

हर दूसरे दिन इधर-उधर धूल फाँकते हुए ड्रॉपर नज़र आएँगे पर समय पर नहीं मिलेंगे। हमारे यहाँ रहने वालीं कई अदृश्य शक्तियों का काम सामान लुकाना ही है। जी हाँ चुराती नहीं, छिपा देती हैं। चीज़ मिलती है, ज़रूर मिलती है। कैसे मिलती है के संदर्भ में मैंने यह लिखा था कभी -

'किसी भी चीज़ को शिद्दत से ढूँढो तो पहले खोई हुई कोई दूसरी चीज़ ज़रूर मिल जाती है। और अभी खोई हुई चीज़ के लिए परेशान न हों, बस किसी तीसरी चीज़ के खोने का इंतज़ार करें।'

ख़ैर, इतना समय तो था नहीं। पुनः गूगल बाबा की शरण पहुँचे। वही सबके माई-बाप जो ठहरे इन दिनों।

"हाऊ टू गिव मिल्क टू स्क्वुयरैल?"

पता चला ड्रॉपर नहीं तो सिरिंज से दे सकते हैं। अरे भई दूध का इंजेक्शन नहीं लगाना। निडिल हटाकर केवल पंप से दूध बच्चे के मुँह में बेहद आहिस्ता से पुश करना है। आहिस्ता से.. याद रहे। नहीं तो फेफड़ों में दूध जा सकता है और बच्चा... राम-राम। मैं नहीं लिख सकती। समझ रहे हैं न आप! यह कितनी महीन ज़िम्मेदारी है।

लैब से सिरिंज मँगाई गई। काँपते हाथों से शुभारंभ किया गया। सिरिंज से दूध पीता वह ऐसा मोहक लग रहा था जिसका वर्णन सूरदास ने कृष्ण के संदर्भ में किया है। अब मैं क्या लिखूँ? आपने पढ़ा ही होगा। वही याद कर लीजिए। बहराल उसके रूप पर मोहित होते हुए हर भय विस्मृत हो गया। कुछ बूँदें पीकर उसने मुँह छिपा लिया। भरसक चिरौरी के बाद भी नहीं खोला।

"तुम लोगों ने ज़्यादा पानी पिला दिया तभी दूध नहीं पी रहा।" मैंने संतोष की कमअक़्ली पर उसे हड़काया। इसमें सभी पुरुषों को शामिल माना जाए।

"क्या करें इसका?" मैंने दिवा से पूछा।

"अब ऐसे छोड़ तो नहीं सकते मम्मी। बाग़ीचे में नेवले भी हैं।"

"हम इनकी देखभाल कब कर पाते हैं।" मैंने टूटू* का अनुभव याद करते हुए कहा।

"इसे इस बर्तन में रखकर नीचे रख देते हैं।"

"नहीं मम्मी अभी मैं बैठी हूँ यहाँ। आप भी हो। नीचे कभी-कभी साँप भी आ जाता है।" दिवा उसे हर हाल में अपने पास रखना चाह रही थी।

अब मैं इस नन्हे निरीह जीव को निहार रही थी। बड़ी चमकदार आँखें और शरीर पर नन्हे रोएँ। गिलहरियों की चपलता में भी बड़ी मासूमियत होती है। उन्हें देखकर लगता है कि जैसे कभी बुरी तरह छली गई हों तभी इतनी चौकन्नी रहती हैं हरपल। एक बार मुझपर विश्वास करके देखो गिल्लू। मैंने कहना चाहा पर चकित भाव संग मुँह से निकला,

"अरे यह अपनी जीभ से मेरा हाथ चाट रहा है।"

"ही लवस यू मम्मा!"

मैंने अकबका कर उसे वापस बर्तन में रख दिया जिसपर दिवा ने चिल्लाया-

"ऐसे कौन बच्चे को रखता है?"

* कछुए का नवजात शिशु जो हमें अचानक एक दिन गराज में मिला था। उसे कछुए के लिए बाज़ार में उपलब्ध विशेष बर्तन में रखा गया था। पर दो दिन बाद ही त्वचा पर उभर आए कई बड़े दानों के कारण वह बच न सका था। 'हरसिंगार जानता है उत्तर' कहानी में टूटू की स्मृतियाँ दर्ज हैं।

उसकी जीभ का भीगा हुआ नर्म स्पर्श अब भी मेरे रोएँ खड़े किए था।

"क्या पता यह फ्लाइंग स्क्वुयरैल हो?" दिवा के कल्पना लोक में रोमांच सदा चरम पर रहता है।

"इंडियन पॉम स्क्वुयरैल है यह। उड़ने वाली गिलहरी हिमाचल में मिलती है।" मैंने दाँत पीसते हुए कहा।

"हम इसे पैराशूट से ट्रैनिग देंगे!"

"मैंने कहीं पढ़ा था कि जहाँ महुआ होता है वहाँ रहती है उड़ने वाली गिलहरी। हो सकता है उसके नशे में उड़ने लगती हों।" मैं हँसी।

"अरे, महुआ ट्री दिखाए थे न आपने?" दिवा अचानक उछलने लगी।

मैं अपनी सभी पहाड़ी यात्राओं को याद करते उसे सवालिया निगाहों से देखने लगी।

"जहाँ चादर बिछा रखी थी सड़क पर... खीर भी खाई थी हमनें!"

"खजुराहो?"

"हाँ।"

"वहाँ नहीं मिलती।" मैंने उसकी उमंग पर पानी फेरते हुए कहा।

“राजस्थान में मिलती है कभी चलेंगे।” मैंने उसकी मायूसी में आस की एक किरण पहुँचाई। दिवा अब गिलहरियों के साथ उड़ान भरने लगी। गिल्लू उसके लिए अदृश्य हो गया।

यूँ भी पूरे समय इस बाल अवतार के पास बैठने लायक आस्तिक लोगों का घर में अभाव था और अकेले बाहर छोड़ने में बिल्ली, चील, साँप, नेवला, कौए का डर। भीतर ले जाएँ तो माँ कैसे ढूँढेगी इसे? टब के इर्द- गिर्द बैठ राउंड टेबल वार्ता में सर्वसम्मति से प्रस्ताव पारित हुआ कि इसे रात के लिए घर के भीतर रखा जाए और सुबह माँ को तलाशा जाए। हमारे चारों ओर मंडराते मच्छरों ने भी इस निर्णय को लेने में महती भूमिका निभाई और जब तक हम वहाँ से उठे हमारे हाथ-पैरों पर गिल्लू के साइज़ के अनगिन ‘अरुणिम टापू’ उमड़ आए थे। मलेरिया और डेंगू के ख़तरों को याद करते हम गिल्लू सहित भीतर भागे।

टब को ऐहतियात से लॉबी में रखा गया और सब पुनः टब के चारों ओर करतब देखने बैठ गये। मजलिस जुड़ते ही गिल्लू ने अपनी पूँछ अपने सिर पर रखी और सो गया। सब किसी रोमाँचक करतब की प्रतीक्षा में कुछ देर बैठे रहे और फिर उकता कर उठ गये। रात पुनः दूध की पेशकश की गई लेकिन उसने दूध की तरफ देखा भी नहीं और उसे हाथ में ले ऑsss... ऑsss करने के सिवा हम कुछ अधिक नहीं कर सके। नेट ज़रूर लगातार खंगाला जाता रहा।

“हाउ टू नो सेक्स एंड ऐज ऑफ बेबी स्क्वायरल्?”

पता चला कि गिल्लू मेल(नर) है और क़रीब 4 हफ़्ते का है। अंग्रेज़ी में नर गिलहरी buck, मादा गिलहरी doe और शिशु गिलहरी pup या kit कहलाते हैं।

"जेंडर न्यूट्रलटी की ओर बढ़ती दुनिया में शायद कुछ कम संज्ञाओं को रटने का बोझ हम पर हो।" मैंने गहरी साँस छोड़ते हुए कहा।

"रहने दो आप। स्कूल वाले पुराना और नया दोनों याद कराएँगे। एक शब्द और याद करना पड़ेगा।" स्कूल की बुराई का कोई मौका बच्चे कब छोड़ते हैं। दिवा ने भी नहीं छोड़ा।

रात नया डर कि किन्हीं दैवीय शक्तियों को हासिल कर गिल्लू टब से बाहर न आ जाए। पूछा गया-

"गिल्लू इतना ऊँचा चढ़ लेते हो क्या?"

गिल्लू चुप। अपने पत्ते नहीं खोलना चाहता। हम्म... हमारे बाल भले ही सफ़ेद न हुए हों लेकिन दुनिया तो हमने भी देखी है। और ऊँची किनारी का टब मँगाया गया। आसन सहित उठाकर गिल्लू का स्थानांतरण कर दिया गया। देश का इतिहास गवाह है। सत्ता से चालाकी करने वाले अधिकारियों के लिए स्थानांतरण सबसे असरदार सज़ा साबित हुई है। दिवा चिल्लाई-

"क्या कर रही हो आप? ऐसे डर जाएगा।"

सात साल की बित्ति-सी छोकरी मुझे बच्चे पालना सिखाएगी। ऐसी परिस्थितियों में भारतीय माँ अनुरूप व्यवहार करते हुए मैंने

गम्भीर मुखमुद्रा और आग्नेय नेत्रों से उसे घूरा। किन्तु मेरा ब्रह्मास्त्र सेंसेक्स की भाँति औंधे मुँह गिर गया। दिवा की जिज्ञासा का केंद्रबिंदु पुनः गिल्लू बन चुका था।

"ऐसा लग रहा है यह मेरे हाथ पर सूसू कर रहा है।" मैंने बेबसी से कहा।

"नहीं, दूध होगा। सूसू ऐसे नहीं करेगा यह।" दिवा ने रहस्यमयी मुस्कान संग इठलाते हुए कहा।

यही मानने में सुख था।

***

डिनर के समय गिल्लू को पुनः सीरिंज से दूध देने का असफल प्रयास किया गया। गिल्लू ने होंठ वैसे ही भींच लिए जैसे बचपन में दिवा और शुभी भींच लेते थे और तो और मुँह अपने पैरों में छिपा लिया। हार मानकर उसे सोने के लिए छोड़कर हम लोग अपने कमरों में चले गये। किंतु एक नवजात शिशु के पालक को चैन कहाँ! चिंता तो बनी ही रही।

10 अप्रैल, 2021

सुबह आँख खुलते ही सबसे पहले गिल्लू को भोजन कराया गया। थोड़ा-सा दूध पिया। गिल्लू को गार्डन में उस मुंडेर पर रख दिया गया जहाँ गिलहरियाँ बाजरा खाने आती थीं। डिजिटल युग में अगला ज़रूरी क़दम था फ़ेसबुक मित्रों को सदी की इस अलौकिक घटना से अवगत कराना। सुबह फ़ेसबुक पर गिल्लू की तस्वीर प्रसारित की गई। इतना शोऑफ आवश्यक था। गिलहरी का बच्चा पास होना निश्चित ही कोई साधारण घटना नहीं थी। नेट पर गिलहरी को लोगों के हाथों से मूँगफली आदि लेता देख हम कितनी ही गिलहरियों के पीछे भागे थे और वे हमें अपनी ओर आता देख हमसे भी तेज़ भागती थीं।

उधर गिल्लू छोटे-छोटे क़दम लेकर एक गमले के नीचे छिप कर बैठ गया। उसे कोई देखेगा नहीं तो पहचानेगा कैसे? बाग़ीचे में ईंटें रखकर उनपर एक बड़ा पेवमेंट ब्लॉक रखा गया। दाना-पानी रखा गया लेकिन वह वहाँ से कूद गया और समीप के झाड़ के अंदर छिप गया। पुनः पत्थर पर रखा गया और लीजिए वह तो 'मछली की पूँछ' (मछली के आकार का बर्तन) पर चढ़कर पानी के बर्तन के किनारे पर चलने लगा। समझ ही सकते हैं आप इस प्रयास में पहले भाई साहब के पंजे भीगे फिर पूँछ और फिर वे पूरे ही तालाब

में लुढ़कने को हो गये। घबराकर अकबकाने लगे और मेरे सामने वे हादसे घूम गये जिनमें छोटे बच्चे पानी की बाल्टी में डूब गये थे।

"ऐसी खतरनाक जगह मैं अपने बच्चे को नहीं छोड़ सकती!" मैंने किंचित सिहरन के साथ कहा और उसे हथेली में ले लिया। पानी का बर्तन वहाँ से हटा दिया गया लेकिन गिल्लू महाशय लुढ़कते-पुढ़कते झाड़ में छिप गये।

हारकर पेड़ पर चढ़ने की ट्रेनिंग देने उसे चंपा के छोटे पेड़ के तने पर छोड़ दिया गया और वह वहीं चिपककर बैठ गया। यही सिलसिला अलग-अलग क्रम में दोहराया गया और कुछ घंटे की आँख-मिचौली और पकड़म-पकड़ाई के पश्चात धूप तेज़ होने पर उसे वापस घर लाया गया। इस बीच उसे दो गिलहरियों ने सूँघकर छोड़ दिया था और कई उससे बेख़बर अपनी दिनचर्या में खोई रही थीं। घर लाकर टब के अंदर वापस बिठा दिया गया।

"शाम को फिर छोड़ेंगे बाहर। अगर दो दिन में इसकी माँ नहीं मिली तो फिर वह इसे भूल जाएगी। गिलहरियों की अपने बच्चों के विषय में याददाश्त बस इतनी ही होती है।" मैंने चिंतित होते हुए कहा।

स्मृतियों का लोप हो जाए तो विषाद के रोग मिट जाएँ। गिलहरियाँ इस मामले में ख़ुशकिस्मत हैं। मन में यह विचार साथ चला आया।

मैं दार्शनिक होने की दिशा में क़दम बढ़ा ही रही थी कि मेरे अंदर की देसी माँ चिल्लाई-"हे भगवान, दूध के गिलास के अंदर घुस कर बैठ गया। सुबह ही तो नहलाया था इसे।"

"फिर से नहला दो।"

"डरता भी तो है यह पानी से।"

डिस्पोजेबल गिलास में से गिल्लू को निकाला गया। संतोष को गिलास वहीं छोड़ देने का दोषी ठहराया गया। इतने में मुझे याद आया कि उस गिलास को उल्टा करके मैंने ही स्टूल की तरह वहाँ रख दिया था जिससे गिल्लू को चढ़ने-उतरने का कुछ एडवेंचर मिलता रहे।

उसका हाइड्रोफ़ोबिया (पानी से भय) समझने के लिए गूगल किया तो जाना कि गिलहरियों को नहाने कि ज़रूरत नहीं, वे जल संरक्षण हेतु स्वयं को चाट-चाट कर ही स्नान-ध्यान कर लेती हैं। हालाँकि दूध-बिस्किट हटाना भी ज़रूरी था नहीं तो उसके बाल झड़ जाते।

मैं और दिवा दोनों टब के पास बैठकर यह आकलन करने लगे कि बाहर निकल पाएगा या नहीं। गिल्लू को बर्तन की रिम पर छोड़ा गया। हाथ पर कूदने के लिए प्रेरित किया गया।

कम ऑन गिल्लू! यू कैन डू इट! के शोर में 1- 2 बार निशाना चूकने के बाद गिल्लू हमारे हाथ पर कूदना सीख गया। पूरे पवेलियन में हर्ष की लहर दौड़ गई। पहले पर्दे की रॉड मँगाई गई पर उसका

बैलेंस गिल्लू से भी खराब था। वह बार-बार घूम जाती और उसपर चलते गिल्लू के आकाश-पाताल बदल जाते। फिर कपड़े सुखाने का स्टैंड आया। गिल्लू को सबसे नीचे की रॉड पर बिठा दिया गया। गिल्लू बाँस पर बँधी रस्सी पर चलने वाले बच्चों की तरह सधे क़दमों से आगे बढ़ा और उल्टा लटक गया। उसे वापस सीधा किया गया और इस उलट-पुलट में उसने अपना मुँह मोड़ लिया और छोटा रास्ता पकड़ कर फिसलते हुए वह नीचे आ गया।

विक्रम ने कहा-"तुम तो सारे पाठ एक ही दिन में पढ़ा देना चाहती हो। बेचारा थक जाएगा स्कूल छोड़कर भाग खड़ा होगा।"

"हाँ मम्मी आज की ट्रेनिंग बहुत हो गई।" दिवा ने कहा।

मैं सरकारी अफ़सर की तरह अधीनस्थ को मुक्त करने का मन नहीं बना पा रही थी। यह नहीं तो कोई दूसरी फ़ाइल सही।

"गिल्लू तुम इतने क्यूट हो। बुक का प्रमोशनल फ़ोटोशूट करोगे?" मैंने उत्सुकता से पूछा।

"नहीं मम्मी।" दिवा चिल्लाई।

मैंने लेखकों की निर्लज्जता बरक़रार रखते हुए गिल्लू को गमले में रख, किताब गिल्लू के पास खड़ी कर दी। गिल्लू ने अपने छोटे-छोटे पंजे उसपर टिका गमले से बाहर कूदने की कोशिश की। गिल्लू को कैच कर लिया गया। फ़ोन गिरते-गिरते बचा।

तब जोखिम को कम करने के लिहाज़ से किताब को ज़मीन पर रखा गया और उसके ऊपर गिल्लू को बिठाया गया। दिवा ने कहा, "यह भागेगा। ज़रूर भागेगा। सीधा सोफ़े के नीचे जाएगा।"

वह भागा, सीधा भागा, सोफ़े के नीचे नहीं, मेरे ऊपर। मैं चिल्लाते हुए उठ खड़ी हुई। वह मेरी स्कर्ट पर चिपका रहा। दिवा ने एक नन्हे बच्चे को डराने और गिराने की साजिशें करने के लिए मुझे भरपूर लानतें भेजी। मैंने कहा-

"आजकल किताबों में गिलहरी तक को रुचि नहीं बची है।" और मायूस मन से किताब को वापस अलमारी में बंद कर दिया।

गिल्लू को पुनः दूध दिया गया जिसे उदरस्थ करने में उसने कोई रुचि नहीं दिखाई। संभवतः आराम करना चाहता है। सोच कर उसे टब में बिठा दिया गया। घर की सुध ली गई। कुछ ही देर में दिवा दौड़ती हुई आई-

"मम्मी बच्चा आपके पास है?"

"नहीं तो।"

"फिर कहाँ है?"

मैंने हाथ का सामान नीचे रखते हुए उसका चेहरा पढ़ने की कोशिश की। यह लड़की कई मर्तबा मुझे पागल बना चुकी है। यह बाप-बेटी ख़ूब जानते हैं कि किन बातों पर मेरी क्या प्रतिक्रिया

होगी। जिस घर में हर दिन अप्रैल की पहली तारीख हो सकती हो वहाँ फूँक-फूँक कर विस्मयबोधक चिन्हों का प्रयोग ज़रूरी है। इसलिए अब मैं भी सचेत रहने लगी हूँ।

"सच बता टब में नहीं है?"

"नहीं न, देखो कहीं पैरों के नीचे न आ जाए।"

मैं भागकर वहाँ पहुँची। टब ख़ाली था। दिल धक से रह गया। इतनी ऊँची दीवारें कूद सकता है क्या? सोफ़े के नीचे देखा। दीवान के नीचे देखा। कहीं नहीं है। हे भगवान! कहाँ ढूँढें?

"संतोष अंकल को कहा था दरवाज़ा नहीं खोलना। खुला है। सीढ़ियों पर तो नहीं चला गया?" दिवा चिल्ला रही थी।

दरवाज़ा एक झिर्री जितना खुला था। दरवाज़ा खोलकर देखा। सीढ़ी पर भी नहीं है।

"संतोष, नीचे देखो। गिल्लू गिर तो नहीं गया?"

बेचैनी में वापस आ, टब में रखा हुआ कपड़ा उठाया। 'बाहर कैसे आ सकता है?' कहते हुए कपड़े की तह खोलीं। इसी के साथ गिल्लू महाशय कपड़े के भीतरी तहों में से टपके।

"यह रहा!" मैं ख़ुशी से चीखी।

"मम्मी, गिरा दिया न बेचारे को।" दिवा चिल्लाई।

उठाया, दुलारा, डाँटा, "कहाँ छिप गया था? जान निकाल दी!"

"इतनी भीतर साँस कैसे ले सकता था। अच्छा हुआ तूने देख लिया दिवा।"

पुनः बिस्तर बिछाया गया। इस बार पहले से बड़ा। गिल्लू को वापस ऊपर रखा गया। पुनः दुलारा गया। हम दोनों अपनी-अपनी किताब लेकर वहीं बैठ गये। शुभी को फ़ोन कर 'आजतक' ने सबसे तेज़ होते हुए पूरी ख़बर सुनाई। दिवा ने आँखें दिखाई कि मेरी आवाज़ से गिल्लू घबरा रहा है। मैंने अपने धैर्य का लेवल हाई और फ़ोन का वॉल्यूम लो किया। वे सारे किस्से दोहराय गये जब छोटे बच्चे जाने कैसे रजाई में घुस गये थे और... ऐसी उबाऊ बातें सुनकर कोई भी सो सकता था सो गिल्लू भी अपनी नाईट कैप रूपी पूँछ आँखों पर रख सो गया। हम अपने कामों पर लौटे पर चिंता बनी रही।

"एक बार जाकर देख आ दिवा।"

दिवा ने देखा। बच्चा फिर गायब। तलाश में वहीं मिला। सबसे अंदरूनी तह में। दिवा की ड्यूटी बेबीसिटिंग के लिए लगाई गई। एक सोते हुए बच्चे को निहारना दूसरे बच्चे के लिए कोई रोचक काम तो कदापि न था। दिवा स्कूल के सौ काम याद करती भाग खड़ी हुई। और जैसा कि भय था गिल्लू जी फिर भीतर। डर लगने लगा कि साँस न घुट जाए इसकी। ऑक्सिजन की कमी पूरी दुनिया झेल रही है। इस नन्हे जीव का ऑक्सिजन लेवल मेन्टेन करने के

लिए, मेरा वहाँ बना रहना ज़रूरी था। वहाँ बैठकर अधूरी कहानी पूरी की जाने लगी और जैसा कि इस बीमारी में होता है चाय ठंडी हो जाती है और आप पीना भूल जाते हैं। लोग बोलते हैं और आप चुप रहते हैं। लोग बोलना बंद कर देते हैं और आप हूँ-हूँ करते रहते हैं तो कोई आश्चर्य नहीं कि मैं वहाँ क्यों हूँ यह पूर्णतः विस्मृत कर बैठी। जब अचानक याद आया तो घबराकर सामने देखा। गिल्लू फिर गायब।

इस बार मुझे उसका पता मालूम था। मय कपड़े के हौले से हाथ में लिया। यह अहसास हुआ कि इतनी छोटी पैकिंग में क्यूटनेस का आना हमारे दाँतों के लिए घातक सिद्ध हो सकता है। बेहताशा स्नेह उमड़ता है लेकिन उसे भली-भाँति अभिव्यक्ति न मिलने के कारण आप कसमसा कर रह जाते हैं। न गले लगा सकते, न बाँहों में भर सकते।

शाम 3:00 बजे तक मैं सिर पकड़ कर बैठ गई थी। विक्रम के आने पर उन्हें बताया कि यह बार-बार कपड़े के भीतर घुस कर सो जा रहा है और इस छिपने-निकलने के खेल में भाग लेते हम सुबह से थक चुके हैं। केवल थक नहीं चुके बल्कि पागल होने के कगार पर हैं। उन्होंने कहा,

"अच्छा-अच्छा मैं अक्षय को बिठा देता हूँ, कुछ खाया है इसनें या नहीं?"

"थोड़ा सा दूध पिया बस, अभी दोबारा भी दे दिया है।"

अक्षय को बुलाया गया। "अक्षय ध्यान रखना। यह बार-बार कपड़े के भीतर घुस जाता है।"

"जी मैम।"

"रखोगे न! छोड़कर नहीं जाना।"

"नहीं, हम यहीं बैठे हैं मैम।"

"मोबाइल नहीं देखते रहना।"

"जी मैम।"

जैसे-तैसे आधा घंटे की नींद लगी फिर चौंक कर उठ बैठी। भागकर बाहर आई तब गिल्लू और गिल्लू का रखवाला दोनों गायब। पता चला अक्षय उसे नीचे लैब में ले गया है। गुस्सा आया। इतना नन्हा बच्चा क्या लैब और अस्पताल में रहने लायक होता है! इन्फेक्शन लग गया तो? यूँ भी कोविड का समय है। कहा-

"वापस लाओ। तुम लोगों पर भरोसा नहीं किया जा सकता।"

"हवा ज़रा सी लगने दो, सोया था अब जगने दो..." गाते हुए पुनः सिरिंज से दूध दिया गया। एक बूँद उसके अंदर गया और दो चम्मच से वह क़रीब-क़रीब पूरा नहा गया। पुनः गूगल खंगाला गया कि क्या खिलाएँ, कैसे खिलाएँ। हर माँ की तरह इस वक़्त हमारी भी सबसे बड़ी चिंता थी कि गिल्लू बहुत कम खाता है।

गूगल ने एक और बात भी बताई जिसे पढ़कर सब एक-दूसरे से कहने लगे कि यह तुम्हारा बच्चा है, तुम्हें ही पालना है फिर सबने मिलकर वही किया जो इलेक्शन लड़ते हुए बाक़ी पार्टियाँ सत्तासीन पार्टी के साथ करती हैं। वे सब एक हो गये मेरे ख़िलाफ़ और सिद्ध कर दिया गया कि गिल्लू मेरा ही बच्चा है।

"क्यों नहीं। यही मेरा बच्चा है। तुम लोगों को घूरे के ढेर से लाई होंगी तब।" मैंने चिढ़कर कहा और रुई मँगाई। रुई को गीला कर गिल्लू के पेट पर हल्की मालिश दी गई। यह काम गिलहरी माँ अपनी जीभ से करती है। यह सब उपक्रम उसी पावन क्रिया हेतु किया जाता है जिसके लिए मनुष्य जाति अपने नन्हे बच्चों के सामने और पीकू में अमिताभ का सेवक उनके पीछे खड़ा हो आवाज़ निकालता है- *स्स्सू...!*

अपनी किताब के साथ गिल्लू की फ़ोटो शाम को शुभी को भेजी तो उसने लिखा- **"A squirrel baby is definitely tortured during this photoshoot."**

***

एक अचंभा जो और हुआ वह यह कि इस बच्चे के चक्कर में पूरा दिन फ़ेसबुक नहीं देखा। रात को देखा तो सुबह की पोस्ट पर कई मित्रों ने हाथ उठा-उठाकर 'ask me! ask me!' चिल्ला रखा था और कई ने इनबॉक्स में। अंधा क्या चाहे दो आँखें! हौसला मिला कि उनसे मदद ली जा सकती है। वे गिलहरी का बच्चा पाल चुके हैं। जैसे प्रेम की विलक्षणता छद्म जान प्रेमी का दिल टूटता है।

वैसे ही गिलहरी पा चला आया हमारा इत्तू-सा अहम भी वहम सिद्ध होने पर तिरोहित हो गया पर तसल्ली भी हुई कि यह ऐसा असाध्य कार्य भी न होगा जब सासु माँ द्वारा बिगाड़ा बच्चा पाल लिया तो गिलहरी का बच्चा भी पाल ही लेंगे।

सुबह उठकर सबसे पहले तन्वी को फ़ोन किया। तन्वी की गिलहरी का 'नंदू गिल्लू' नाम से फ़ेसबुक अकाउंट था तो हमने अपना गुरु तन्वी को मान लिया। उसने बताया कि बच्चे को खाना ढूँढना, पेड़ पर चढ़ना सिखाना आदि कई छोटे-बड़े मम्मी वाले दायित्व अब हमारे ज़िम्मे हैं और यह भी कि नर गिलहरी ज़्यादा नख़रे वाला बच्चा साबित होता है। उफ्फ यह पितृसत्ता की विस्तृत, गहरी, सर्वव्यापी जड़ें!

ऑक्सीजन की चिंता पर उसने कहा- आप आराम से सो जाएँ। उसे कुछ नहीं होगा। वह ऐसे ही घुसकर सोएगा और उसे कोई ऑक्सीजन डेफिशियेंसी नहीं होगी। तब हम प्रेम में डूबी स्त्री के जैसा बुद्धू मुँह लिए सोचने लगे कि जब हम उसे बचा रहे थे तब दरअसल हम उसे सता रहे थे। बाद में हमनें जाना कि गिलहरी का लावारिस बच्चा मिलने पर सबसे ज़रूरी क़दम उसे गर्म रखना ही है। अगर आप किसी ठंडी जगह रहते हैं तो हीट पैड पर कपड़ों की तह लगाकर उसके भीतर बच्चे को रखें और अगर बच्चे एक से ज़्यादा हैं तो उन्हें एक साथ रखने से उन्हें एक-दूसरे से गर्मी मिलती रहती है। (अपने बाद के अनुभवों में हमनें जाना कि फीड कराते हुए उन्हें

अलग रखने पर भी वे स्वतः एक साथ हो जाते हैं और आप दूध भरे हाथों से सिर खुजाते सोच रहे होते हैं कि किसको पिला दिया? कौन भूखा है?)

तन्वी से पूछा, “नंदू आता है अब?”

वह बोली- “हाँ।”

सुनकर अच्छा लगा।

आगे पूछा, “कैसे पहचानते हो?”

“उसकी पूँछ कट गई थी।”

"अरे!" मन कुछ दुखा। गिलहरी की पूँछ ही उसकी पहचान होती है, हथियार भी। अंग्रेजी का 'स्क्वुयरैल' शब्द जिस ग्रीक शब्द 'स्किउरोस' से आया है, उसका अर्थ ही है घनी पूँछ। इस पूँछ के माध्यम से वे आपसी संवाद में एक-दूसरे को ख़तरे से आगाह भी करती हैं और अपनी पूँछ फुलाकर, अपना आकार बड़ाकर, दुश्मन को डराती भी हैं। पूँछ के संदर्भ में मुझे कैलिफोर्निया की वह चतुर गिलहरी भी याद आ रही है जो साँप की केंचुल को चबा, पेस्ट अपनी पूँछ पर लगा लेती है और ख़तरे के समय जब पूँछ में अतिरिक्त रक्त प्रवाह होता है तब साँप की गंध वातावरण में फैल दुश्मन को भ्रमित कर देती है। नागिन सुहागन बने-न-बने किन्तु गिलहरी जरुर साँपिन बन जाती है मासूम दुश्मन के लिए।

ख़ैर, दूसरे दिन गिल्लू को बिस्किट-दूध देकर बाग़ीचे की दीवार पर रखा गया। वह पुनः गमले के नीचे घुस गया। दीवार पर कई गमले थे, वहाँ से दो गमले हटा दिए गये। हमें उम्मीद थी कि जिन गिलहरियों ने गिल्लू को देखा है, सूँघा है, उन्हें गिल्लू की माँ कहीं तो रास्ते में मिलेगी। वे चिल्लाएँगी- "अरी! तेरा लाडला उते फिर रा है।" और उसकी माँ दौड़ी चली आएगी। गार्ड शिव की निगरानी में उसे गार्डन में बीते दिन बनाए गये चबूतरे पर छोड़ दिया गया। हम टेरेस से नज़र बनाए रहे लेकिन उसे किसी ने नहीं अपनाया। न माँ आयी, न मौसी। और गिल्लू जी को मानो हवा से एलर्जी हो वह जो भी झाड़, गमला, पत्ता मिले उसके नीचे दुबक कर बैठ जाए। इसी तरह एक-दो घंटे बिताए गये। फिर गिल्लू को झरते टेसू से बने मखमली गलीचे पर छोड़ा जिस पर हल्की चहलक़दमी कर उन्होंने पुनः अपने छिपने के लिए एक झाड़ तलाश लिया।

आख़िरी प्रयास करते हुए बोगेनवेलिया के दो भारी गमलों को दीवार से हटाकर गिल्लू के लिए बाधारहित राजपथ का निर्माण किया गया। अहा, अब क्या ही तेज़ी से गिल्लू दौड़ चला और आख़िरी गमले के नीचे छिप गया। अज्ञेय को याद करते हुए मैंने कहा -

यह दीप अकेला स्नेह भरा
है गर्व भरा मदमाता पर
इसको भी (नीचे रखी) पंक्ति को दे दो।

आख़िरी गमले को भी दो वीर जवानों ने मिलकर हटा दिया।

इस बार वह आगे बढ़ा और राजपथ को त्याग, दीवार पर आती छतनार की टहनी की पगडंडी अपनाता हुआ पेड़ पर चढ़ गया और भयवश चिपका रहा। उसे पकड़ कर पेड़ के निचले तने पर छोड़ा गया। थोड़ा- सा आगे बढ़ा। सबके चेहरे पर ख़ुशी छलक गई। वह सीधा चलता हुआ पेड़ के शीर्ष पर पहुँच गया लेकिन वापस नहीं आ सका। इतना ऊँचा स्टूल नहीं था। दो स्टूल एक के ऊपर एक रखे गये। उपदेश को चढ़ाया गया। स्टूल बिना म्यूज़िक ही थिरक रहे थे। वह चिल्लाया, “पकड़े रहना।”

“होनी को कोई टाल नहीं सकत। गिरना हो गिर जाओ।” अक्षय ने फ़ोन पर कोई संदेश टाइप करते हुए टका -सा जवाब दिया।

मेरा लेखकीय दिमाग कर्मचारी के गिरने से उपजी त्रासदी पर कहानी बुनने लगा। न उपदेश गिरा न आज तक वह कहानी लिखी गई।

गिल्लू जी तुम चंदन हम पानी कहते हुए, धूप चढ़े गिल्लू को पुनः उनके टबनुमा राजभवन में लाया गया। गिल्लू को इतनी मेहनत के बदले दूध-बिस्किट खिलाया गया और गिल्लू लाडला बन मेरी गोदी में ही सो गया। उसकी बलाएँ लेते उसे निहारा गया और हौले से टब में रख दिया गया।

उसे हथेलियों में सहेजने के लिए मैं अब अभ्यस्त हो चली थी। हाथ पर चढ़ता तो ज़रूर दिक़्क़त होती। गिल्लू बाहर डर रहा था तो भीतर ही एक पेड़ की व्यवस्था करने का विचार किया गया और कुछ दिन पूर्व छँटाई में काटी गई एक टहनी मँगाई गई। बार-बार दिमाग में यही घूम रहा था कि 48 घंटे के बाद इसकी माँ इसे भूल जाएगी। गिल्लू का तो पता नहीं पर हमारे दिमाग में ज़रूर टाइमर टिक! टिक! टिक! टिक! करता हुआ चल रहा था और मन डर रहा था इसकी माँ नहीं मिली तो...

11 अप्रैल, 2021

आज गिल्लू को अधिक समय बाहर छोड़ा गया। अक्षय को उचित दूरी पर उसकी रक्षा के लिए गार्ड नियुक्त किया गया। चंपा के पेड़ पर उसका फ़ोटो शूट हुआ। कमाल यह कि वह हर एंगिल से क्यूट ही आता था। कई सुंदर फ़ोटो हासिल हुए। माँ को तलाशने की दृष्टि से लेकिन हासिल वही शून्य रहा।

***

माँ नहीं मिली। बिन माँ का निरीह बच्चा! हमारा मन भर आता। विक्रम सांत्वना देते हुए कहते-

"इसकी दो माँ हैं एक छोटी, एक बड़ी।"

मैं कहती, "छोटी का पता नहीं, बड़ी को बच्चे पालने में बहुत भय लगता है। दिनभर चिंता जो बनी रहती है।"

अब जब बच्चा आ ही गया था तो उसकी समुचित दिनचर्या निर्धारित करनी ज़रूरी थी। अमरूद के पेड़ को सहारा देने लगाए गये एक डाल पर गिल्लू को चलाया जाने लगा। यह प्रयोग उसके और हमारे हित में सिद्ध हुआ। फुट स्टेप्स में इज़ाफ़ा हुआ और हमारी पहुँच में भी बना रहा।

गिल्लू को एक्टिव रखने के लिए उसे निगरानी में आँगन में छोड़ा जाता। वह पदचाप या मूवमेन्ट सेंस कर हमारे पीछे-पीछे दौड़ता। घर-भर को एक खिलौना मिल गया था। दूध-बिस्किट उसका पसंदीदा आहार था। जितना सेमीसॉलिड खाना वह खा ले ठीक, बाक़ी सीरिंज के ज़रिए दूध दिया जाता। जैसा कि आप जानते ही है कि बच्चों को अपनी ऑप्टिमम ठंड और भूख निर्धारित करने का अधिकार नहीं होता और माओं की नज़र में बच्चे हमेशा कम ही खाते हैं और बाई गॉड की कसम हमारा गिल्लू सच ही किनक भर में अफरा जाता था। मुझे लग रहा था कि उसका वज़न भी कम हो रहा है। मैंने संतोष को उलाहना दिया- "तुम कैसा खाना बनाते हो न दिवा का वज़न बढ़ता न गिल्लू का। केवल हमारा ही बढ़ता है।" उसने उत्तर देना चाहा ज़रूर होगा पर संकोचवश चुप रहा।

कई मर्तबा गिल्लू दोनों हाथों से सीरिंज पकड़ लेता और सीधे हमारी आँखों में कातर दृष्टि से देखता। मानो कह रहा हो प्लीज़ मेरे पेट में भोजन पहुँचाने का अन्याय मुझ मासूम पर मत करिए।

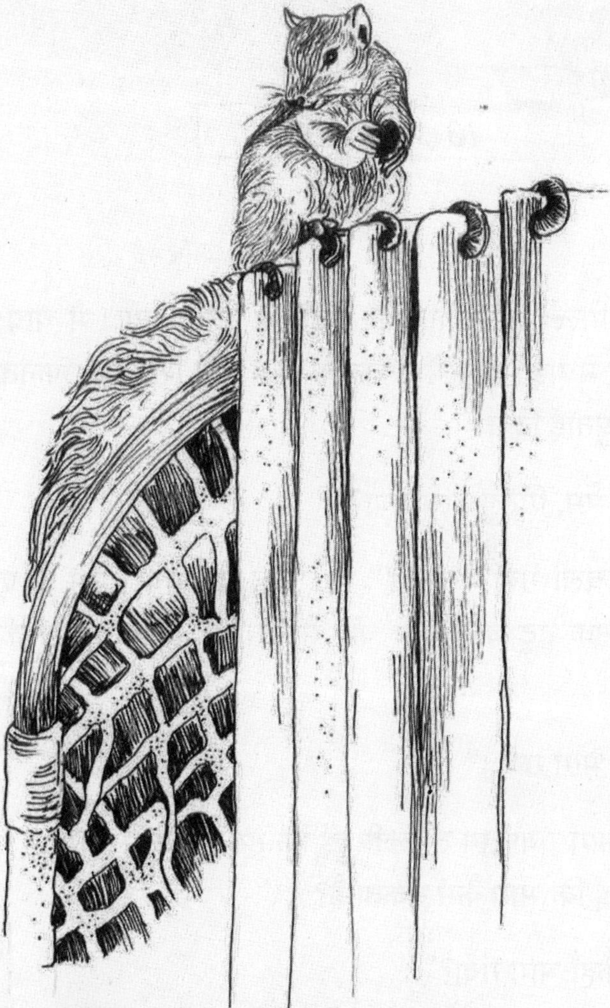

गिल्लू हुआ फ़रार

16 अप्रैल, 2021

गिल्लू को बाग़ीचे की मुंडेर पर छोड़ा गया। मैं चाय बनाने रसोई में गई। चाय में उफान के साथ गार्ड शिव का उफनता हुआ स्वर सुनाई दिया-

"मैम, गिल्लू चला गया?"

"चला गया मतलब?" मेरा दिल बैठ गया। ऐसे ही एकदिन अचानक टूटू चला गया था। मैं गैस बंद करके गार्डन की ओर दौड़ी।

"भाग गया।"

भाग गया सुन तसल्ली हुई कि इसी लोक में भागा है। हैरानी भी हुई कि भाग कैसे सकता है?

कहाँ भाग गया?"

"मुंडेर से कूदा और बस फिर नहीं दिखा।"

"कमाल हो शिव तुम भी।" विक्रम ने कहा।

मैंने अपने भीतर सोए शेरलॉक होम्स को जगाया और बाहर आकर घटनास्थल का मुआयना किया। पाँच फूट की दीवार, उससे लगी हुई नाली जो पत्थर की स्लैब से ढकी थी, चम्पा का पेड़ और उसके साथ खड़ी हुई कार।

"ज़्यादा दूर नहीं जा सकता। कार के नीचे छिपा होगा। देखो।"

"देख लिया था।"

"फिर से देखो।"

"नहीं है।"

"नाली में ढूँढो।"

"नहीं है।"

"पेड़ पर..."

"नहीं है।"

"नाली के पत्थर हटाकर देखो।"

"नहीं है।"

"सड़क पर भागता तो तुम्हें दिखता...

डरपोक है एक़दम। किसी चीज़ के नीचे छिपा होगा।"

मैं सोच में पड़ गई।

"अब नहीं मिलेगा। मत परेशान हो।" विक्रम ने समझाते हुए कहा।

"अभी बहुत छोटा है। चील-कौआ खा जाएगा उसे।" आँखें नम हो गईं।

"इतना ही साथ था। आगे अब उसका भाग्य।" विक्रम ने समझाना चाहा किन्तु भाग्य के इस निर्णय को मन किसी प्रकार भी स्वीकारने को राज़ी न था।

"लेकिन इतनी जल्दी कहाँ चला गया? भागता हुआ दिखता भी तो।" मैं उलझन में थी।

"झाड़ू लेकर आओ शिव। ज़रूर कार के तल से चिपका बैठा होगा।"

शिव झाड़ू लेकर आया और पहला प्रहार करता इससे पहले ही मैं चिल्लाई-

"आराम से... यह नहीं कि उसको चोट ही लग जाए।"

...और गिल्लू महाराज पिछले पहिए से चिपके हुए पाए गये। पहियों पर झाड़ू फेरते ही टपके और शिव ने उन्हें कब्ज़े में ले लिया।

बिना बताए नदी पर नहाने चले गये शैतान बच्चे की माँ की तरह हम उसे उलाहने देते, पुचकारते, डाँटते घर ले आए और वापस टब में रख दिया।

कोई पूछे कि आपका सबसे बड़ा डर क्या है? मैं कहूँगी- अपनों को खो देने का डर!

और ऐसा भय जगा देने वाला भावनात्मक लगाव गिल्लू से इस अल्प अवधि में ही बन गया था।

कुछ देर बाद उसे पुचकारते हुए गिल्लू और मेरे बीच भावुक और लंबा संवाद हुआ-

गिल्लू क्या तुम अब इतने शरारती हो गये हो कि भाग जाना चाहते हो?

जंगल में जाना चाहते हो?

जब हम पुकारेंगे- गिल्लू! रुका करोगे?

घर याद रहेगा तुझे गिल्लू?

बात तो सुन!

मुझसे मिलने आओगे क्या?

नहीं बात करनी। गुस्सा है।

गुस्सा हो गया इसलिए कि भाग क्यों नहीं जाने दिया तुझे। अभी छोटा है बेटा तू। पहले बड़ा हो जा। कुछ खाना सीख ले। लड़ना सीख ले। अभी तो दूध भी नहीं पी पाते हो। ज़बरदस्ती सिरिंज से पिलाना पड़ता है। थोड़ा-सा बड़ा हो जा। फिर चले जाना।

डू यू नो? वी लव यू।

कभी-कभी आएगा मिलने?

मिलने नहीं आएगा बस भाग जाने का मन है।

... और वह मेरे हाथ से छूट कर पर्दे पर भाग गया।

उस शाम सुरक्षा की दृष्टि से मैंने प्रस्ताव पारित करते हुए विक्रम से कहा- “आपके जैसा ही अविश्वसनीय आपका स्टाफ है। (निकम्मे यहाँ साइलेंट है) अब उसे नीचे बाग़ीचे में शिव की निगरानी में न छोड़कर टेरेस पर ही छोड़ेंगे। अपनी निगरानी में रहेगा तो ठीक रहेगा। यहीं के पौधों पर चढ़ता-उतरता रहेगा।”

विक्रम ने कहा, “वैसे तुम इस पर कुछ निशान लगा दो। इधर-उधर होगा तो पहचान में आ जाएगा।

बाद में कई अन्य मित्रों ने भी यह सुझाव दिया पर मेरा मन राज़ी नहीं हुआ। कोई भी निशान उसे कैमोफ्लाज यानी कि आस-पास के वातावरण में एकरंग होकर छिपने में बाधा पैदा कर सकता है। कोई डोरी कहीं उलझ उसके प्राण संकट में डाल सकती थी।

टहनियों पर चढ़ने-उतरने की ट्रेनिग चालू रखी गई।

टेरेस पर वह सुरक्षित महसूस करता और गमलों के पीछे घूम लेता। बोगेनवेलिया के झाड़ पर चढ़ना उसे प्रिय था। जब खेलते हुए थक जाता तो मेरे पलाज़ो-स्कर्ट पर चढ़ मुझे अचानक डरा देता।

"भाई बता तो दिया कर। रिफ्लेक्स एक्शन के चलते किसी दिन कोई हादसा न हो जाए।"

लेकिन गिल्लू को कोई चिंता क्यों होती भला। वह सम्भवतः मुझे पेड़ समझता था। इधर-उधर से कभी भी मेरे ऊपर कूद जाना उसके लिए सामान्य था। शुभी को बताया तो वह बोली कि जब यह बड़ा होकर चला जाएगा तब भी बाहर के पेड़ों पर से यूँ ही आप पर छलाँग लगा देगा।

कुछ दिन बाद वह टेरेस पर खेलकर थकने पर, कूद कर सीधा मेरे पैर पर आ जाता और गोदी में आकर दुबक कर सो जाता। हथेली या कपड़ो की तहों में सोना उसे सुरक्षित महसूस कराता था। कभी विक्रम के ऊपर चढ़ जाता तो वे चाय का कप लिए 'स्टेचू' मुद्रा बना बैठ जाते। "हटाओ इसे।" वे कहते।

गिल्लू इस कंधे से उस कंधे दौड़ लगाता। मेरा हँसते-हँसते बुरा हाल होता। अब लिखते हुए लगता है कि हँसने की क्या ही बात रहती थी इसमें लेकिन हँसी आती थी और ख़ूब आती थी।

मैं कहती, "चाय हटाओ पहले। कहीं घबराहट में कप में न गिर जाए।" कभी वह ख़ुद ही उतर जाता। कभी मैं उसे अपने हाथ में ले लेती।

गिल्लू की ट्रेनिंग बढ़ाई गई। जाली के दरवाज़े, खिड़कियों पर उसे चलवाया-उतरवाया गया। टब के रिम जैसी छोटी ऊँचाई से हथेलियों में कुदवाया गया। तकियों की मचान बनाकर बिस्तर पर 'aim jumping' कराई गई। गिल्लू की हर सही जम्प पर

'यस...यस' कहते हमलोग दस जम्प करते। प्राउड ऑफ यू और मुअआss... फिज़ाओं में घुल जाते।

15 तारीख़ तक वह काफ़ी तेज़ हो गया था। चढ़ने-उतरने की गति बढ़ गई थी। संतुलन बनने लगा था। हर अभ्यास में उसका 'लक्ष्य' मेरी गोदी में पहुँचना ही रहता। अँगुलियों के पोरों से मैं उसे सहलाती और वह आँखें मूँद सो जाता। यह लिखते हुए भी उन पलों की कोमल अनुभूतियों से मन आनंदित हुआ जा रहा है। सुबह-शाम वह टेरेस पर खेलता और धूप के समय घर के अंदर।

हम उसे सोफ़े पर छोड़ देते थे और ज़मीन पर ऊँचा कुशन रख देते। वह देख-समझ कर कुशन पर कूद, मेरे पास आ जाता। कुशन की दूरी बढ़ाने या कम ऊँचाई का कुशन रखने पर नई गुणा -भाग करने के बाद ही **'Jump or not to jump'** का निर्णय लेता।

15 को हमने कुशन नीचे नहीं रखा था। वह सोफ़े के एक सिरे से दूसरे सिरे पर घूमता रहा। सोफ़े पर रखे कुशन के आगे-पीछे होता रहा और जब मैं उसके पुराने वीडियो देख रही थी वह लंबी छलाँग ले मेरे ऊपर कूद गया। प्रेम की इस 'ऊँचाई' की आकस्मिकता के रिफ्लेक्स में पहले दिवा और मेरी चीख निकली और फिर आश्चर्यमिश्रित प्रसन्नता में सरोबार हो हमनें पहले विक्रम को बुलाकर दृश्य सुनाया, वीडियो दिखाया और यथासम्भव सभी को फ़ोन करके हमारे बच्चे द्वारा छोटी उम्र में किए गये इस बड़े कार्य के विषय में बताया। कुछ मित्रों का कहना था कि इस 26 जनवरी उसे राष्ट्रपति द्वारा वीरता पुरस्कार दिया जा सकता है। हाथी पर बैठे

गिल्लू की कल्पना ने हमें डरा दिया और हमनें पत्रकारों को रिश्वत देकर इस दुस्साहसी घटना को वायरल होने से रोक लिया।

***

इस समय तक उसे दूध-बिस्किट के साथ अंगूर दिए जाने लगे। अंडे की जर्दी मिला हुआ भोजन उसे कुछ ख़ासा नहीं भाता था। 17 तक बिस्किट अपने हाथ में पकड़ने की कोशिश करने लगा था हालाँकि वह दूध में भीगा होने के कारण टूट जाता और खिलाने वाले और खाने वाले दोनों के ऊपर चिपक जाता। दूध-बिस्किट से ख़ूब गंदगी मचती। इस कारण भी कि जब उसे नहीं खाना होता तो वह बिस्किट में सना हुआ ही मेरे ऊपर दौड़ जाता। गिल्लू को साफ़ करना पड़ता और स्वयं को भी। पानी से वह ख़ूब डरता। नल की आवाज़ सुनकर ही हथेली से छूट हाथ से गर्दन पर चढ़कर दुबक जाता और अनभ्यस्त गर्दन और हाथ पर अलग-सी सिहरन होती। मैं उसे प्यार से झिड़कती- "गिल्लू तू अपनी पूरी तेज़ी मेरे ऊपर ही न दिखाया कर। बाहर छोड़ने पर तो गमले के पीछे दुबक जाता है।"

उसे टोकरी में बंद रखना हमें भाता नहीं था। उसकी टोकरी खुली रहती वह जब मन होता अंदर बाहर होता रहता। रात के समय ज़रूर ढक्कन लगा दिया जाता कि वह किसी हादसे का शिकार न हो जाए।

वह सोफ़े पर, फ़र्श पर घूमता रहता और कभी-कभी ध्यान बँटने से पर्दे पर ऊपर चढ़ हमारी पहुँच के बाहर हो जाता। तब अक्षय को बुलाकर स्टूल की सहायता से उसे उतारा जाता।

आगे उसे दीवान से नीचे फ़र्श पर कूदने की ट्रेनिंग दी गई। बिस्तर और सोफ़े पर गिल्लू ऐसे घूमता जैसे रेलवे लाइन हो। जी हाँ, जी हाँ, छोटी मोटी दैनिक क्रियाएँ वहीं निबटा ली जातीं। निबटाने को तो वह हमारे हाथ पर, कंधे पर, खाने के बर्तन में, स्टडी टेबल पर कहीं भी निबटा ली जाती थीं। ऐसे व्यर्थ के छुआ-छूत, आचार-विचार मानने में गिल्लू जी का कोई विश्वास नहीं था।

एक बात और उसे खिलाकर हमें लगता कि वह थोड़ा पानी ज़रूर पी ले ताकि बिस्किट उसके गले में फँसा न रह जाए लेकिन वह अधिकतर पीता नहीं था। खाना उसके गले में भले ही न फँसता हो लेकिन प्राण हमारे गले में ज़रूर फँसे रहते कि इसे कुछ हो गया तो क्या होगा।

टेरेस पर वह गमले में लगे बोगेनविलिया पर चढ़ना सीख गया था। वहाँ से धीमे क़दमों से रेलिंग पर चलता। वह नीचे के फ़्लोर पर न गिर जाए- हमें धुकधुकी लगी रहती। किसी को नीचे खड़ा किया जाता लेकिन कुछ दिनों में हम समझ गये कि वह बेहद ऐहतियात से चलता था। एक-एक क़दम सोच-समझकर जाँच- पड़ताल के बाद उठाता। बीच-बीच में टहनियों पर अपने दाँत घिसने लगता। हम उसे देखते कि कहीं काँटे न चुभ जाएँ पर उसे उनसे कभी कोई दिक़्क़त नहीं हुई। टेरेस को छूते पेड़ से गिलहरियाँ बालकनी में आती थीं। वहीं बर्ड फीडर में गिल्लू को बैठाया जाता ताकि अन्य गिलहरियाँ उसकी व वह अन्यों की महक पहचान लें। पंछियों के कलरव से अपरिचित न रहे। घर के भीतर उसे सोफ़े पर छोड़ते तो वह सोफ़े के साथ रखे पाम ट्री पर उतर जाता। तने और पत्तों में

अंतर न करने के कारण कई बार फिसल भी जाता। हम सम्भालने के लिए उठते लेकिन हमारी मदद की ज़रूरत नहीं पड़ती थी। वह पकड़ नहीं छोड़ता था। कभी गिर जाता तो गमले की मिट्टी में भी उसे कुछ खाने या कुतरने के लिए मिल ही जाता।

21 अप्रैल, 2021

21 को जब मैं टेरेस पर उसका वीडियो बना रही थी उसने एक उबासी ली। इस दिन का वह नर्म अहसास मुझे भूलता नहीं। मैंने पूछा, "थक गये बच्चे? सोना है?" हाथ आगे बढ़ाया और उनींदा गिल्लू मेरी हथेली पर चला आया। उस पल लगा कि गिल्लू ने मुझे अपना लिया है। हमने आत्मीय संवाद की भाषा तलाश ली है। मैंने उसे गोद में सुला लिया। इस नन्हे जीव को अपनी गोद में निश्चिन्त सोते देखने का सुख काश लिख पाती! यह सच है कोविड के कठिन समय में गिल्लू किसी फ़रिश्ते की तरह आया था।

बीते कई सालों से हर दिन किसी न किसी का फ़ोन मेरे पास, हँसी की तलाश में ज़रूर आया करता था। कोई कहता आवाज़ सुनकर मन ख़ुश हो गया। कोई कहता हँसी ने उदासी हर ली। कई बार यूँ भी हुआ कि मेरा स्वयं का मन अनमना था किंतु जो ख़ुशी की तलाश में आया हो उसे आँसू की दास्तां क्यों सुनाई जाए!

यथासम्भव सबको सहज करने का प्रयास किया। पिछली बार के लॉकडाउन में भी मन को सँभाले रखा किन्तु अब मन टूट रहा है। दो दिन से मैं ख़ुद हँसी तलाश रही हूँ। ऐसे में गिल्लू का पास होना सुकून है। जब खेलने का मन होता है। ख़ूब दौड़ता है। पास जाऊँ तो और दूर भागता है। जब थक जाएगा तो किसी बच्चे की ही तरह मेरे पास चला आएगा। गोदी में चढ़कर सो जाएगा। विक्रम कहते हैं कि तुमने बेचारे को एक दिन में कई-कई चैप्टर्स (सबक) पढ़ा दिए हैं। असली चैप्टर्स तो वह अकेले रहकर सीखेगा। अभी हमारी निगरानी के सुरक्षा वृत्त में गिल्लू हमें भी उदासी से सुरक्षा दिए है।

***

गमले-गमले कूदता वह ऊँचे गमले पर पहुँचना सीख गया था। वहाँ से स्टेप बाय स्टेप नीचे रखे गमलों पर कूदकर उतरता था। एक दिन मुझे सामने देख ऐसे ही उतरना चाहा लेकिन लुढ़कते हुए नीचे गिरा और मेरे पास चला आया।

“जंप क्यों नहीं किया? ऐसे लुढ़कते हुए क्यों आए हो?” मैंने पूछा।

वह मुझे भ्रमित-सा देखता रहा फिर तनिक इधर-उधर होता हुआ मेरी ओर बढ़ा। मेरे पैर के नीचे न आ जाए इस डर से मैं स्कर्ट ऊँचा करते हुए पीछे हटी। वह भी वापस लौटा और स्कर्ट पर चढ़कर एक लंबी छलाँग लगाकर मेरी गोदी में आँखें बंद करके सो गया। विक्रम बोले कि यह तुम्हारा लाडला होता जा रहा है।

इसी बीच किसी दिन गिल्लू अचानक बाजरा कुतरते भी पकड़ा गया। यह बड़ी बात थी क्योंकि इससे उसकी हम पर निर्भरता कम हो रही थी। तरह-तरह के फूल-पत्ती भी सुबह की सैर से जुटाकर गिल्लू के लिए लाए जाते। गिल्लू को बॉटनिकल मैन्युल विकसित करने की दिशा में यथासम्भव प्रयास किए जाते।

इन दिनों शुभी नानी के घर थी। जब भी उसका फ़ोन आता गिल्लू आस-पास होता। गिल्लू के लिए उसकी जिज्ञासा अब ईर्ष्या में बदलने लगी। वह कहती, "कर लो गिल्लू से ही बात कर लो और फ़ोन रख देती।"

23 अप्रैल, 2021

कोविड के बढ़ते क़दमों को देखते हुए यह निर्णय लिया गया कि विक्रम जाकर शुभी को ले आएँ। आगे स्थिति और बिगड़ने पर दिक़्क़त हो सकती थी। सुबह 3 बजे विक्रम निकल गये और देर शाम उसे लेकर लौटे। गिल्लू का नाम सुनकर फ़ोन रख देने वाली लड़की ने आते ही हमारे बच्चे को हमसे हथिया लिया। अब उसका जागना- सोना गिल्लू के साथ होने लगा। वह दिनभर उसकी जेब या गोदी में दुबका रहता। दोपहर वह उसे हथेली में लेकर उसकी ख़ैरियत के प्रति सजग बनी कच्ची नींद सोती और ख़ूब सपने

देखती। कभी पूरा पलंग गिलहरियों से भर जाता। कभी उसके बालों में गिलहरी मिलती। कभी वह गिलहरियों को बचाने हेतु वर्ल्ड वार 3 लड़ रही होती। हम हँसते हुए उससे गिल्लू को लेने की कोशिश करते तो उसकी नींद टूट जाती। वह कहती- 'नहीं यह मेरे पास ही रहेगा' और गिल्लू भी उसके और क़रीब दुबक जाता।

रात बड़ी मुश्किल से शुभी को समझा कर गिल्लू को उसकी टोकरी में सुलाते। शुभी के आने से गिल्लू की ऐश हो गई थी। दिवा गिल्लू के साथ खेलना तो चाहती लेकिन डरती भी ख़ूब थी। वह उसे छूती नहीं थी। अपने हाथ में तो हरगिज़ न लेती। मैं उसे हथेलियों में लिए घूमती लेकिन वह हाथ पर और ऊपर चढ़ता या गर्दन, कंधे पर चढ़ जाता तो मैं अकबकाने लगती लेकिन शुभी ने सारे बैरियर हटा दिए। गिल्लू को उसने शाब्दिक अर्थ में सिर चढ़ा लिया था। वह उसके कान कुतरता, बालों में उलझ जाता, चश्में के नीचे से निकल आँखों तक पहुँच जाता। बड़े मन से सेल्फी खिंचवाता। जब अति हो जाती तो कैमरे के ऊपर चढ़कर ही बैठ जाता और कभी-कभी किसी कुशल निर्देशक की तरह बैक कैमरा आ, मुआयना भी कर जाता।

सुबह शुभी के कंधे पर बैठ गिल्लू, टेरेस पर चिड़िया और अन्य गिलहरियों की आवाज़ें सुनता। कई बार मैं उसे लेने को ही तरस जाती।

किसी का फ़ोन आता तो भी गिल्लू से हेलो कहलवाया जाता। मम्मी ने कहा- "स्नेहा कह रही थी कि निधि को बोलो बच्चों से दूर रखे। आख़िर जानवर ही है।"

"जानवर? इत्तू- सा है हमारा बच्चा।" मैंने विरोध जताया।

"अरे काट-वाट लेगा।"

"काट लेगा? गिलहरी है वो साँप नहीं... रहने दो मुझे बात ही नहीं करनी।" मैंने भावावेश में फ़ोन रख दिया।

"नानी से अब कभी बात नहीं करना।" दिवा बोली।

"जैसे तुम गिल्लू को प्यार करती हो वैसे ही नानी तुम्हें करती हैं न। इसलिए चिंता करती हैं।" मैंने दिवा को समझाया। गिल्लू को उस दिन और अधिक प्यार किया गया।

आगे के दिनों में स्नेहा ने अपनी बेटी की ज़िद पर मछली पाली, बिल्ली पाली और कोई आश्चर्य नहीं कि उन पर वैसा ही प्यार लुटाया जैसा हम गिल्लू पर लुटाते रहे। वह ख़ूब उत्साह से इनकी बातें हमें बताती तो हम उसके इस बदले रूप पर बस मुस्कराकर रह जाते। बिल्ली मीशो रानी उसके साथ भारत से इंग्लैंड भी गईं। दिवा ने मीशो को कोहिनूर वापस लाने का सीक्रेट मिशन दिया और उसकी पहचान छिपाने के लिए नया नाम क्वीन विक्टोरिया रख दिया।

ख़ैर, गिल्लू को जानवर से सुसंस्कृत बनाने की दिशा में क़दम उठाए गये। उसका दाख़िला शुभी मैम के स्कूल में कराया गया। वो मैकाले शिक्षा पद्धति के ख़िलाफ़ थीं। उनके अनुसार शिक्षा जीवनोपयोगी होनी चाहिए। इस कारण गिल्लू को सर्वप्रथम हाथी, जिराफ, बिल्ली, बंदर, तितली, पंछी से मिलवाया गया किन्तु गिल्लू देवदास की तरह कक्षा छोड़ भाग निकले। उनका कहना था कि आप शेर को शेर कहो या जिराफ मुझे, शेर और जिराफ किसी को

कोई फ़र्क़ नहीं पड़ता। इस विद्रोही स्वभाव के साथ गिल्लू का फ़ेल होना तय था लेकिन कुछ कोविड काल का लाभ कुछ नेपोटिज़्म की परम्परा का निर्वहन करते हुए गिल्लू को पास कर दिया गया।

अपनी किताबों का ज्ञान हो-न-हो रेलिंग पर बैलेंस बने-न-बने लेकिन शुभी के संग रहकर गिल्लू ने केमिस्ट्री की कई समीकरण बैलेंस की, गणित की कई थियोरम सिद्ध कीं और तो और जब छोकरी और टोकरी के विवाद के भंवर में हिन्दी जगत फँसा था तब एक सच्चे और सजग नागरिक की भाँति गिल्लू अपना दायित्व निभाते हुए दिवा के साथ बैठ हिंदी की पाठ्यक्रम सामग्री का मूल्याँकन करते भी पाए गये।

गिल्लू बिल्कुल वैसा ही था जैसे शुभी और दिवा; गोद का बच्चा। उसे हमारी गोदी या हथेली में घुसकर बैठे रहना ख़ूब भाता। शुभी लैपटॉप पर काम करती। माउस चलाती तो वह उसके हाथ को हथेली में जगह बनाकर बैठ जाता, वह हाथ आगे बढ़ाती तो वह भी आगे बढ़ पुनः हथेली में दुबक जाता। हम डरते कि किसी दिन माउस के भ्रम में रगड़ न दिए जाएँ गिल्लू महाराज।

***

वह बोगेनवेलिया पर फर्राटे से चढ़ना सीख गया था। अन्य गिलहरियों की आवाज़ सुनते हुए उसकी पूँछ और पेट विशेष लय में हिलते लेकिन मुँह से कोई आवाज़ नहीं निकलती थी। रेलिंग की निचली पट्टी पर पैर टिकाकर बाहर झाँकना भी उसे ख़ूब भाता। इन पलों में अक्सर मेरी आँखें भीग जातीं। मेरा नन्हा बच्चा इस सुरक्षित प्रांगण को लाँघ एक-न-एक दिन विस्तृत दुनिया के दैनंदिनी संघर्षों में अकेला प्रवेश करेगा।

***

धीरे-धीरे कान्हा देवकी को भूल पूरी तरह यशोदा का लाडला हो गया था। उसे खाना देना, साफ़ करना मेरा काम रहता। बाक़ी समय वह शुभी के साथ बना रहता। उसकी पोनीटेल के नीचे गर्दन पर बैठना गिल्लू को विशेष प्रिय था। फ़ोन देखना और कुतरना भी। कभी उसकी जेब में, कभी गोदी में, कभी लिखते-पढ़ते हथेली में घुसते गिल्लू महाशय पाए जाते।

जैसे राजा महाराजाओं के टहलने के लिए बड़े बाग़ीचे होते थे, गिल्लू के लिए बड़ा सोफ़ा था। उसे सोफ़े पर छोड़ दिया जाता। शुरू-शुरू में वह कुशन के पीछे छिप जाता लेकिन धीरे-धीरे चहलक़दमी बढ़ती गई। लकड़ी के कई छोटे टुकड़े और सीप उसके दाँत रगड़ने के लिए इधर-उधर और उसकी टोकरी में रख दिए गये थे।

दाँत निकलने के बाद गिल्लू रोटी कुतरना सीख गया था। मुझे याद है उसे सूखी रोटी अधिक भाती थी, जो हवा खाकर कड़क हो गई होती। हम हँसते कि गिल्लू रोटी में पापड़ का सुख लेता है। पापड़ देने पर उसने नहीं खाया था। गिल्लू के कुतरने की चॉम-चॉम की आवाज़ से ही कई बार हमें उसके अपने पास बैठे होने की ख़बर मिलती। उसके आगे के लंबे दाँतों को सहलाने में शुभी को बड़ा आनंद आता। मैं कहती टेढ़े न हो जाएँ। दिवा कहती कि किसी दिन इन्हीं से काटेगा इसे, देखना आप।

***

दिवा के A-4 शीट के काग़ज़ सोफ़े पर रखे थे। गिल्लू उस पर ऐसे चल रहा था मानो कुछ लिख रहा हो। दिवा आई, बोली -

"छोड़ो गिल्लू?"

गिल्लू ने नहीं छोड़ना चाहा।

शुभी सपोर्ट करती हुई बोली -

"क्यों परेशान कर रही हो उसे?"

"मुझे लिखना है इन पर।"

"वह भी तो लिख रहा है।"

"इनविजिबल इंक से..." मैंने जोड़ा।

शुभी और मैं हँस पड़े।

दिवा 'ठीक है नहीं बनाती फ़ाइल। गिल्लू ही बना देगा।' कहते हुए पैर पटकती चली गई।

गिल्लू ने उत्साह में भरकर पेन भी उठाने की कोशिश की फिर प्रोजेक्ट की गोपनीयता देखते हुए इनविजिबल इंक से ही पत्र पूरा करने लगा।

अब तय हुआ कि उसे शाम के समय भी बाहर लाया जाए। धूप की अकड़ ढीली पड़ने से लेकर अंधेरे की ताकत बढ़ने तक गिल्लू को टेरेस पर छोड़ा जाने लगा हालाँकि अधिकतर समय वह शुभी के कंधे पर बैठा मिलता। मुझे याद आता कि अपने पहले साल में शुभी भी ऐसे ही हमारे कंधे पर टिकी दुनिया देखा करती थी। अभी शुभी के पीछे-पीछे दिवा भी घूम रही होती, गिल्लू को छूने के लिए पर्याप्त साहस जुटाती।

गिल्लू टेरेस पर अपना क्षेत्र पहचानने लगा था कुछ-कुछ स्पॉट उसके पसंदीदा थे। बोगनविलिया पर आराम से चढ़ जाता। इसकी डंठल चबाता। रेलिंग पर भी चलने लगा था हमारा ज़रूर जी काँपता रहता कि रेलिंग से नीचे न गिर जाए। ख़ास करके गमलों के बीच में रखा मिट्टी का घर उसको प्रिय था। तीन-चार गमलों के बीच में वह तेज़ी से घूमता। गमले के पीछे से द्रुत गति से आता और घर की खिड़की से अंदर कूदकर, दरवाज़े से बाहर जाता और गमलों के पीछे चला जाता। उसे यह सब करते देखने में हमें ख़ूब सुख मिलता।

ऐसे ही टेरेस पर खेलता हुआ गिल्लू एक दिन गायब हो गया। तलाश में मैंने झूले पर रखा कुशन उठाया क्योंकि कुशन के पीछे बैठना उसे सुरक्षित लगता था लेकिन वहाँ गिल्लू की जगह छिप्पो रानी बैठी पाई गईं जिन्हें देखते ही मेरी चीख निकली। छिप्पो वही बैठी रही और दीवान पर रखे कुशन के पीछे से गिल्लू कूदकर अंदर भाग गया।

"क्या है मम्मी। छिपकली को देखकर ऐसे कौन चिल्लाता है? डर गया बेचारा गिल्लू!"

कोई और समय होता तो मेरा उत्तर होता-"मैं!"

लेकिन मुँह में चले आए कलेजे को पीछे धकेलते हुए मैंने कहा- "तू मान शुभी। जो हम समझ रहे हैं वह है नहीं। यह दुनिया भगवान का प्ले स्टेशन है। इस खेल के लिए चुने गये पात्र भर हैं हम... और छिपकली, कॉकरोच से पार पाना बड़ा चैलेंज। बस इधर लाइफ लाइन बड़ी सीमित हैं।"

दोनों बच्चे गिल्लू पर लाड लुटाते रहे और मेरी इस उच्च कोटि की दर्शनिकता को कोई भाव नहीं दिया गया। आप लोगों से पूछती हूँ, क्या आपको भी ऐसा लगता है कि यह जीवन कोई लम्बा सपना है अचानक आँख खुलेगी और पाएँगे कि जीवन तो डंडोलीन-सा हल्का है। होना ही चाहिए अगर ईश्वर की इच्छा से ही जगत चलता है तो ईश्वर की इच्छा में कोई हिंसा, कोई द्वेष, कोई भय शामिल होने की संभावना कब है!

26 अप्रैल, 2021

अब गिल्लू को पर्दों के ऊपर चढ़कर बैठना, उनपर दौड़ना ख़ूब भाने लगा था। स्वयं नीचे उतरना भी वह सीख गया था। कभी हमारा उससे खेलने के मन होता लेकिन वह हाथ नहीं आता। ऐसे समय शुभी और गिल्लू के बीच लम्बा छापेमार युद्ध चलता जिसमें अधिकतर गिल्लू जीत जाता। गिल्लू का बिछौना, टोकरी लेकर, उस तक पहुँचने के लिए शुभी सोफ़े पर चढ़ती लेकिन वह जाल में नहीं फँसता।

जब उसे खेलने का मन होता तब वह स्वयं हमारे पास चला आता। हमारे पास पर्दों पर चढ़ नख़रे दिखाने का कोई विकल्प नहीं था। हम अपना अहम् त्याग उसे अपने नाख़ूनों में गड्ढे बनाने देते, काटने देते और उसकी मालिश करते हुए उसका अहसान मानते।

ईश्वर को धन्यवाद देते कि इस सेवा के लिए हमें चुना गया। भले ही यह सेवा-सुश्रूषा करते हुए, गिल्लू के नुकीले नाखूनों से हमारे पूरे हाथों पर खरोंचें आ गई थीं, जो भयंकर टीस देती थीं।

कई बार जब खाना खिलाते समय गिल्लू भागने की ठान लेता तब शुभी एक हाथ में गीला बिस्किट रखे होती और दूसरे हाथ से उसे पकड़ने की कोशिश करती। केवल इतने से ही गिल्लू सामने वाले की आधी ताकत नहीं छीन लेता था बल्कि पिद्दी-सा गिल्लू जिस तरह चकमे देता था, अपने आहत अहम् के बावजूद हँस-हँसकर हमारी ताकत आधी हो जाती थी।

"यह इतना छोटा क्यों है?" शुभी ने उसे पुच्ची देते हुए कहा।

"यह तय है कि तू सच में मेरी बेटी है! मेरे जैसा सोचती है।" मैंने स-उल्लास कहा।

"मतलब अस्पताल में बच्चा बदला नहीं है।" वह हँसी।

"हाँ!" मैंने उसकी खनकती हँसी में शामिल होते हुए कहा, "सच, मुझे भी बिलकुल यही लगता है। थोड़ा तो बड़ा होना चाहिए कि उसे गले लगा सको, साथ सुला सको।" आगे जोड़ा।

"क्रोकोडाइल के साइज़ का?" दिवा ने तंज करते हुए कहा।

और इस डरावनी कल्पना से ही हम सिहर उठे। व्हाट्सएप यूनिवर्सिटी की वह कहानी याद हो आई जहाँ साथ सोता हुआ एक अजगर मालकिन को निगलने की तैयारी में था।

3 मई, 2021

कुछ अवसरों पर गिल्लू को दाना खाते देखा गया था। किंतु फिर उसने ऐसा छोड़ा कि हमें लगता कि शायद ऐसा हमें भ्रम हुआ था। लेकिन इस दिन गिल्लू जब बाहर से आया तो बिल्कुल बड़ी गिलहरियों की भाँति अपने पंजो में पकड़कर बाजरा खाने लगा। यह बड़ी आश्वस्ति थी क्योंकि अब उसके भूखे रहने का भय नहीं था। बाजरा सदा उपलब्ध रहता था टेरेस पर।

5 मई, 2021

गिल्लू को पर्दे की रॉड पर अधिक समय बिताते देख बच्चों ने अपने छोटे-छोटे सॉफ्ट टॉयज और कुशन वहाँ रख दिए थे। गिल्लू उन पर आराम करता तो वे ख़ुश होते, रॉड पर पसरा रहता तो वे उसकी कमअक़्ली पर अफ़सोस ज़ाहिर करते।

बहुत ऐहतियात भी बरतना पड़ता था। सोफ़े पर बैठते, कुशन पर हाथ टिकाते, ज़मीन पर पाँव रखते, दरवाज़ा खोलते-बंद करते।

खिड़कियाँ भी स्लाइडिंग थीं घर में और गिल्लू उनकी लेज़ पर भी बैठा रहता।

एक दिन वह पर्दे से उतर सोफ़े की ओर बढ़ा और गायब हो गया। हमने चकराते हुए मेज़ के नीचे, कुशन के पीछे, जूत्तों के अंदर और लॉबी के बाहर सब जगह देखा लेकिन गिल्लू नदारद। आख़िर में वह मंदिर के पर्दों के ऊपर आराम से पसरा दिखा। बाहर ही नहीं घर में भी गिल्लू अपने इलाक़े का विस्तार कर रहा था। दिवा भी हिम्मत जुटा रही थी। गिल्लू को तरबूज़, अंगूर खिला देती और डरते-2 उसका सिर भी सहला देती।

दिवा गिल्लू से डरती थी और गिल्लू लूसी से। लूसी एक कमाँड फॉलो करने वाली खिलौना पपी थी जो eat, dance, jump, sing जैसी कमाँड्स पर अलग आवाज़ निकालती थी। पता चला कि वह निहायत ही बेसुरा गाती है क्योंकि उसके गाना शुरू करते ही गिल्लू छिपने की जगह तलाशने लगता था।

***

एक बार गिल्लू को जाने क्या सूझा वह दिवा के प्लाजो के अंदर चला गया। उसने चिल्लाना शुरू किया और शुभी ने हँसना। जब तक मैं कुछ समझ पाती गिल्लू उसकी टी-शर्ट में से मुँह निकाले उसकी ओर देख रहा था, उसके चीखने-चिल्लाने से हतप्रभ-सा। गिल्लू तो आख़िरकार शुभी की मेज़ पर बैठ किताब कुतरने लगा लेकिन दिवा और शुभी के बीच भयंकर मौखिक युद्ध हुआ और मामला मार-पीट तक पहुँचे उससे पहले मुझे दिवा को दूसरे कमरे में लाकर घंटा भर

मनाना पड़ा। तब वह इस पर राजी हुई कि किसी को कष्ट में देख उस पर हँसने के लिए शुभी को कड़ी से कड़ी सजा दी जाएगी और उसे सॉरी भी कहना होगा। तय हुआ कि शाम को पिज्जा पार्टी में शुभी को शामिल नहीं किया जाएगा। जिस पर शुभी ने कहा कि तब मैं ऑर्डर ही क्यों करूँगी और इस बात पर स्थिति पुनः नियंत्रण के बाहर हो गई। लेकिन गिल्लू निर्लिप्त भाव से मॉडेम पर पसरा रहा जबकि तोते, कबूतर और अन्य गिलहरियों संग उसके कितने ही युद्धों में दिवा ने बढ़-चढ़कर उसका साथ दिया था।

8 मई, 2021

रुई का एक छोटा-सा टुकड़ा स्टूल पर रह गया था। यह गिल्लू के लिए यह मज़ेदार खिलौना बन गया। दोनों हाथों से रोल कर-करके उसने उसकी गेंद जैसी बना ली और उसे लेकर झटपट पर्दे पर चढ़ गया। फिर उतरा और बाक़ी की बची हुई रुई के साथ भी ऐसे ही किया। रुई का गोला गिर जाता तो वह वापस आता और उसे उठाकर ले जाता। किसी गिलहरी को ऐसा करते हमने पहली बार देखा था और वह भी इतना क़रीब से। हम उसको रिबन, रस्सी आदि कई ऐसी छोटी-छोटी चीज़ें देते जिन्हें रोल बनाकर ले जाता

और पर्दे के ऊपर रख लेता एक तरह से वह वहाँ अपना घर बना रहा था। यह रोमांचक था इस कारण और कि उसने अपना पहला घर, घर के भीतर बनाया था। वह हमारे पास रहने वाला था।

***

गिल्लू को कॉर्न के अतिरिक्त पास्ता भी ख़ूब पसंद आया किंतु उसके स्वास्थ्य को देखते हुए उसे मैदा निर्मित भोजन दिया नहीं जा सकता था। उन दिनों घर में नियम था कि जो कुछ भी बनता उसकी एक किनक तो गिल्लू को टेस्ट कराई ही जाती। मैगी-पास्ता उसे दिए नहीं गये लेकिन उनकी महक से वह बर्तन तक पहुँच पाने के लिए उतावला ज़रूर हो जाता था। दिवा ने उसे चखाने के लिए एक टुकड़ा पास्ता दिया और जब उसे अपने हाथ में लेकर मज़े से खाते देखा तो वापस लेना चाहा। किंतु लड़-लड़कर उसने एक पीस खा ही लिया। वह दिन हमनें उसकी चिंता में बिताया। "इसे चॉकलेट से दूर रखना मम्मी। इसके लिए ज़हर है।" ऐसा हमें दिवा ने बताया और हमनें धर्म की तरह निभाया।

मई, 2021

घर में उपलब्ध हर अजीबों-गरीब चीज़ गिल्लू को ज़रूर नज़र की जाती। गिल्लू को जयपुर से लाया गया लकड़ी का रिक्शा और ठेला दिया गया। डॉल सेट से फ्रीज़, सोफ़ा, चेस्टर ड्रोअर, दूध की डोलची दी गई। ऐसे अनेक ताम-झाम के साथ तीन कैमरे लाइव रिकॉर्डिंग और कैंडिड फ़ोटोशूट के लिए तैयार रहते। इसी समय गिल्लू ने 'कितने पाकिस्तान' और 'पुनर्नवा' जैसी साहित्यिक किताबों का स्वाद भी चखा। गार्डन में ऊँट के नीचे भी आया और उसकी गर्दन पकड़ उसकी सवारी भी की। मछली के पेट में तो उसके लिए दाना और बिस्किट रखा ही जाता था। गमले से चिपकी एक बड़ी गिलहरी पर उसने जाने क्यों कोई तवज़्ज़ो नहीं दी। ख़ैर, हमारी पूरी तवज़्ज़ो गिल्लू के उचित पालन-पोषण पर रहती और बाजरा, रोटी, तरबूज़, केला, दूध, बिस्किट, अनार, अंगूर, मूँगफली, बादाम, खीरा, ब्रोकली आदि छप्पन भोगों से सुसज्जित उनका थाल जगह-जगह रखा जाता, जिसे उदरस्थ करने चींटियों की लंबी कतार चली आती।

अपने छोटे-छोटे हाथों में अंगूर पकड़कर खाते हुए वह बेहद प्यारा दिखता। वह दाँतों से उसका छिलका उतार लेता और जीभ से रस चाटता।

कोई भी नई चीज़ वह खाता तो हम मुग्ध होकर वीडियो बनाते। हाथ में पकड़कर दाने को गोल-गोल घुमाते हुए मटर, कॉर्न सबका छिलका उतारकर वह खाता। जो उसे अच्छा लगता और माँगता, कुछ और देने पर उसे पकड़ता नहीं या धोखे में ले लेता तो चखते ही पकड़ छोड़ देता। खाना नीचे गिर जाता। शुभी कहती, "इतने वीडियो तो हमारे नहीं हैं जितने तेरे हैं गिल्लू।"

8 मई, 2021

शुभी के पढ़ने के लिए गेस्ट रूम को स्टडी रूम बनाया गया था। शुभी किताबें लगाती रही, गिल्लू उसकी ज़ुल्फ़ों में उलझा रहा। दोपहर को झपकी लेकर उठे तो गिल्लू गायब। अंदर-बाहर सब जगह तलाशा, नहीं मिला। तब पता चला कि अब गिल्लू ने स्टडी का रास्ता भी याद कर लिया है और साहब वहाँ के पर्दे पर आराम फरमाते पाए गये। अब गिल्लू और शुभी दोनों का वही पता हो गया।

रात बारह बजे शुभी का फ़ोन आया, "गिल्लू को लेकर जाओ। पढ़ने नहीं दे रहा।"

मैं उठकर गई तो अलग ही नज़ारा था। शुभी पेंसिल से चित्र बना रही थी। गिल्लू उस पेंसिल को खाने की कोशिश कर रहा था। दर्शकों की बढ़ती भीड़ ने उसे अति उत्साह से भर दिया और कुशल नट की तरह वह एक कूद में किताबों पर, अगले पल शुभी के हाथ, फिर सिर से होता हुआ पर्दों पर, फिर अटेंशन सीक करने मौत के कुएँ में जैसे बाईक सवार तेज़ चक्कर लगाता है, उसी तेज़ी से एक गोल चक्कर पर्दे पर और फिर वापस मेज़ पर। चक्करघिन्नी बने हम रात तीन बजे तक इस कलाबाज के स्टंट्स कैमरे में क़ैद करते रहे। दिवा ने कहा, "इंडिया अगर गिल्लू को ओलंपिक में जिम्नास्टिक के लिए भेजे तो गोल्ड मेडल पक्का है।"

सुबह चार बजे बिस्तर पर लेटते हुए मैंने विक्रम से कहा, "गिल्लू का क्या होगा पता नहीं पर इसके रहते हम लोगों का कुछ होना मुश्किल दिखता है।" उन्होंने आदतन उसका पक्ष लेते हुए कहा, "वह तो ख़ुद तुम सब से छुटकारा चाहता है तुम लोग ही उसके प्रेम में पगलाए रहते हो।"

ये कोविड काल के अवसाद भरे दिन थे। चिकत्सक लगातार मरीज़ों के संपर्क में थे और बच्चे हमारे। चाहकर भी बच्चों को पूरी तरह अलग रखना संभव नहीं था। इस समय वे अपने दोस्तों से भी दूर थे। घर में क़ैद बच्चे निरंतर बुरी ख़बरें सुन रहे थे। ऑन लाइन पढ़ाई से भी उनका कोई तादात्म्य स्थापित नहीं हो पा रहा था। दिवा छोटी कक्षा में थी उसके लिए इतना कठिन नहीं था लेकिन शुभी को जूझते हुए देख मन डूबने लगता। उस समय टीवी और सोशल मीडिया पर व्यर्थ बहसें होती देख लगता था कि बच्चों पर भी ध्यान दीजिए। उनके सपने टूट गये हैं। वे हताश हैं। कई बच्चों

ने इस समय का अच्छा उपयोग भी किया पर कई बच्चे लड़खड़ा भी गये। मैंने शुभी से कहा कि बेहतर हो तुम वही पढ़ो जो तुम अपने दम पर पढ़ सकती हो। उस दौरान प्रतियोगी परीक्षाओं की तैयारी छोड़ केवल बारहवीं पर फोकस किया और अपना स्कूल टॉप किया और जिले की मेरिट में स्थान पाया। यह निर्णय सरल नहीं था। वह झुंझलाकर कहती, “जब मुझसे कम नंबर लाने वाले सब बच्चे कर रहे हैं तो मैं क्यों नहीं?”

“ क्योंकि हमारा भविष्य मात्र नंबर निर्धारित नहीं करते। विषम परिस्थितियों से सामंजस्य की क्षमता भी करती है। वे ऑनलाइन पढ़ाई में सहज हैं, उन्हें करने दो। तुम नहीं हो पा रही हो। इसे स्वीकारो। तुम्हारे लिए क्या उचित है, वह तलाशो।” मैं समझाने का प्रयास करती।

मुझे लगता है गिल्लू ने इस तनाव से निकलने में शुभी की बहुत मदद की। पूरे दिन चादर ओढ़ लेटे रहने वाली शुभी के चेहरे पर गिल्लू के कारण मुस्कान बनी रहती। शुभी ही क्यों हमसब ही इन नन्हे जीवों के ऋणी हैं। उनके आस-पास होने ने हमें थामे रखा।

इस समय ने सिखाया कि जीवन कोई रेस नहीं है, सबकी अपनी यात्रा है और साँस लेते रहना, यात्रा में बने रहना बड़ी नेमत, बड़ी जीत है।

9 मई, 2021

सुबह विक्रम और मैं देर तक कमरे के दरवाज़े पर खड़े एक नन्ही गिलहरी माँ और उसके बच्चे को मुंडेर पर दाना खाते देखते रहे थे। उसकी तस्वीरें ली थी। जब बच्चे सोकर उठे तो उन्हें इस नन्ही गिलहरी की सूचना दी गई। दिवा ने अपने फ़ोन से उनकी दुर्लभ तस्वीरें क़ैद कीं। एक तस्वीर जिसमें माँ बच्चे को चूमती हुई दिख रही है ख़ूब पसंद की गई। युवा कवि आदर्श भूषण ने इस तस्वीर का इस्तेमाल अपनी गिलहरी शृंखला की एक कविता के साथ भी किया। यह संयोग ही था कि इस दिन मदर्स डे था।

24 मई, 2021

तमाम भाग-दौड़ के बाद सोने के लिए गिल्लू अपनी टोकरी में चला जाता था। उस रात जब गिल्लू को गुड नाईट कहकर टोकरी में रखा गया। वह अपने बिस्तर की भीतरी तहों में न घुसकर बाहर निकलने

की कोशिश में दिखा। टोकरी पुनः खोल दी गई। वह हमारे साथ खेलने लगा। हम उबासी लेते उससे सोने का आग्रह करने लगे।

सबके सोने का समय हो गया लेकिन गिल्लू महाराज बैग के अंदर जाने का तैयार नहीं। वह टोकरी से बाहर निकलने के लिए आतुर दिखा।

"हो सकता है अभी सोने का मन न हो।" शुभी ने कहा।

लाइट बंद कर उसे टोकरी में रख, हम अपने कमरों में चले गये। मन नहीं माना पुनः जाकर देखा। टोकरी की जाली में से दो आँखें चमकती दिखीं।

"नहीं सोया?" आहट से शुभी भी उठकर आई।

"न, बाहर रहना चाहता है शायद।"

टोकरी खोल दी गई। गिल्लू मेज़ पर चढ़ बाजरा कुतरने लगा। इस वक़्त तक दिवा ने अपना एक मुलायम फर बैग गिल्लू को दे दिया था। जिसके अंदर वह सोया करता था। बैग को टोकरी से निकालकर मेज़ पर रख दिया गया।

स्लीपिंग बैग का थोड़ा मुआयना कर स्वयं ही भीतर प्रवेश कर सो गया। इस प्रकार अब मेरी मेज़ पूर्णतः गिल्लू के कब्ज़े में हो गई। उसका खाना-पानी भी वहीं जगह पा गया।

पेन स्टैंड, किताबों की संकुचित गलियों में वह द्रुत गति से चक्कर लगाता। कभी तेज़ी से पर्दे पर चढ़ जाता फिर उतरता और

गोल-गोल चक्कर लगाता। हमारी अँगुलियों को काटने के खेल में उसका ख़ूब मन रमता। कभी-कभी यह विभेद करना मुश्किल हो जाता कि वह हमें खिलौने की तरह ट्रीट कर रहा है या हम उसे। गिल्लू *झाँ-आ-आं* जैसे लुका-छिपी के खेल उसके साथ खेले जाते। उसके पेट के सफ़ेद रोएँ बेहद नर्म थे, उन्हें सहलाते ही दिवा चिल्लाती, "यह सॉफ्ट पॉइंट है उसे चोट लग सकती है।" हम झेंपते हुए उसका पीठ और सिर सहलाने लगते जिसपर वह अपना हाथ उठाकर टेढ़ा हो जाता। काँख सहलवाने की उसकी इस घृणित हरकत के बावजूद भी उसे मिलने वाले प्यार में कतई कमी नहीं हुई। कमी हुई तो शायद विक्रम के प्रति प्रेम में। उधर से ज़रूर उलाहना मिलने लगा कि मुझ पर तो कोई ध्यान ही नहीं देता। विक्रम घर आते ही सबसे पहले पूछते कि बच्चे ने खाना खाया कि नहीं?

मैं कहती कि तीनों बच्चों ने खा लिया।

दिवा गिल्लू को विक्रम की गोद में देना चाहती किन्तु वह बिल्कुल तैयार न होते लेकिन गिल्लू के पोषण के लिए ज़रूर सजग रहते। उसे फल-सब्ज़ी आदि दिए जाएँ, निरन्तर ताकीद करते। और कभी जब 'पेपरेजी' को गिल्लू की निजता में सेंध लगाते हुए देख लेते तो उनके कैमेरे-फ़ोन भी छीन लेते।

यूँ गिल्लू को ख़ुद हमारी उपस्थिति भाती थी। हम लॉबी में नहीं होते तो वह स्वयं हमारे कमरे में चला आता और पर्दे पर चढ़ काउच पर उतर जाता और काउच से छलाँग लगा पलंग पर आ जाता।

अगर यह स्टंट विक्रम की मौजूदगी में होता तो हमें हाइजीन पर लम्बा लेक्चर सुनना पड़ता।

इन्हीं परिस्थितियों में शुभी के कंधे पर सिर रखते हुए मैंने मायूस स्वर में कहा था-

"शुभी,पापा गिल्लू के संग सौतेले पिता जैसा व्यवहार करते हैं।"

"हाँ मम्मी और जबकि वे गिल्लू के असली वाले सगे पापा हैं।" उसने भी पूरी संजीदगी से उत्तर दिया।

कोई आश्चर्य नहीं कि इस लड़की के साथ समय बिताना मुझे इन दिनों सबसे अधिक भाता है। हम ऐसी गंभीर बातें करते पूरा दिन हँसते-हँसते गुज़ार सकते हैं। लंबे सफर छोटे हो जाते हैं।

गिल्लू से विक्रम का रिश्ता ईर्ष्या और देखभाल दोनों का बना रहा। वे स्वयं उसके पोषण और सुरक्षा के लिए चिंतित रहते लेकिन मेरा गिल्लू की देखभाल करना उन्हें धुआँ-धुआँ कर देता। एक बार रात के खाने के बाद अहसास हुआ कि गिल्लू के लिए रोटी नहीं बची है। मैंने शुभी से कहा आटा निकाल दे। मैं बना देती हूँ। देखा तो गूँथा हुआ आटा भी नहीं था। मैं आटा लगाने लगी।

विक्रम बोले-"गिल्लू के लिए रोटी बना रही हो। मैं माँगता तो मुझसे कहतीं, ब्रेड खा लो। अब एक रोटी के लिए कौन आटा लगाए।"

"वह ब्रेड पसन्द नहीं करता न!" मैंने बेबसी से बताया।

"मैं भी नहीं करता।" विक्रम ने बिना मेरी ओर देखे शिकायती स्वर में कहा।

शुभी और मैं एक-दूसरे को देख मुस्कराते रहे। यह मुस्कान माँ-बेटी नहीं दो स्त्रियों के बीच दर्ज की जाए।

समय के साथ गिल्लू की स्थायी जगह पर्दे की रॉड हो गई थी। सम्भवतः वह पर्दों को पेड़ समझता हो। देर रात वह नीचे नहीं उतरता तो हम स्टूल आदि पर चढ़ उसका बैग उसके पास ले जाते और वह बैग में घुसकर सो जाता।

आगे के दिनों में इस बैग को भी त्याग रात के समय गिल्लू महाराज पर्दे पर चढ़कर बैठ गये। पुकारने पर भी नहीं उतरे। लाइट बंद कर दी गई। उन्हें छोड़ दिया गया कि जब नींद आएगी तो उतर आएगा लेकिन रात भर जागकर गिल्लू की ख़ुफ़िया निगरानी करने वालों ने हर आधा घँटे पर बताया कि वह नहीं उतरा है। पर्दे के ऊपर ही सो रहा है। आगे के लिए यही गिल्लू का शयनकक्ष रहा। वह अपने बनाए घर के भीतर कम उसके बाहर ज़्यादा सोता था।

22 मई, 2021

प्रेम अंधा ही नहीं करता आपको निरा बेवकूफ़ भी बना देता है। इसमें कोई संदेह नहीं और स्त्री हो या पुरुष, प्रेम में उसका चेहरा निश्चित ही बुद्धू जैसा दिखता है। हमारा भी दिखता होगा यक़ीनन। जैसे 'कैसे उड़ गया' पूछने पर बेगम ने दूसरा कबूतर उड़ा कर बताया था और राजा इस मासूमियत पर 'मैं वारी जावा...' गाता झूम उठा था वैसे ही हम गिल्लू की छोटी-छोटी हरकतों पर यहाँ तक कि उसे उबासी लेता देख उसका वीडियो बनाकर भी झूम उठते थे। और जब कभी अपने छोटे-छोटे नथुने, लंबी - लंबी मूछें और मासूम मुँह हिलाकर, अपनी कातर दृष्टि हम पर टिकाकर वह हमसे प्रेम और खाना माँग लेता तब तो हम भावनाओं के अतिरेक में दूसरी दुनिया में पहुँच जाते ।

स्थिति यह थी कि हमारी फ़ोन गैलरी और कैमरे के कार्ड में गिल्लू ही गिल्लू था। पूँछ आँखों पर रख सोते हुए, जागते हुए, खाते हुए, खाना ठुकराते हुए। छलाँग लगाते हुए, सुस्ताते हुए। कैमरे से खेलते हुए, कैमरे से छिपते हुए। हमारे हाथ पर हाथ रखे, हमारे सिर पर, कंधे पर बैठे... कमाल यह कि फ़ोटोग्राफी के सारे नियमों को धता बताते हुए वह हमेशा हर तस्वीर में बाकमाल क्यूट लगता। लगातार पूछने पर भी अपने ब्यूटी सीक्रेट्स उसने कभी हमसे साझा नहीं किए।

***

टेरेस पर गिल्लू ने धीरे-धीरे फॉरबिडन ज़ोन में जाना शुरू कर दिया था। यहाँ दीवार की मुंडेर से लगा एक अशोक का पेड़ था, जो सच में शोकहर्ता था। यह पंछियों और गिलहरियों से गुलज़ार रहता था। मेरा दिल जानता था कि उधर जाने के बाद उसकी वापसी मुश्किल होगी। मैं उसे टोकती, "गिल्लू नो!" वह गमले के पीछे दो पैरों पर सॉरी की मुद्रा में खड़ा हो जाता। मैं हाथ आगे बढ़ाती। वह सरेंडर कर देता, आज्ञाकारी बच्चे की तरह हथेली में चला आता।

***

हर सुबह गिल्लू को हम आवाज़ देते। वह पर्दे के ऊपर अव्यवस्थित अपने पेंटहाउस से बाहर आता। शाहरुख खान की तरह अपने फैंस की भीड़ देख नीचे झाँकता।

हम चिल्लाते- "आ गया! आ गया!"

"गुड मॉर्निंग गिल्लू!"

वह उनींदी आँखों से हमें देखता और दोनों हाथों से अपना मुँह रगड़ने लगता। क्या मैंने आपको बताया कि गिलहरियाँ बेहद सफ़ाई पसन्द होती हैं, लेकिन पानी से उनका बैर है, इसलिए वे नहाती नहीं। लेकिन स्वयं को चाट-चाटकर अपना तन और पंजों से स्क्रब कर अपना मुँह साफ़ करती हैं।

इस गोल्ड फेशियल के पश्चात गिल्लू नीचे आता और एक लंबी अंगड़ाई लेते हुए पूरी जीभ बाहर निकाल उबासी लेता। यह

कितना ऑsss मूमेंट होता था, इसे लिखना सम्भव नहीं। बस यह कि इसे कैप्चर करने गिल्लू को जगाने से पहले एक कैमरा तैयार रखना ज़रूरी समझा जाता लेकिन कैमरा सँभालने कोई सहायक कुम्भकर्ण के वंशजों के घर में मिलना सुलभ कब था। हर सुबह उसके मासूम रूप में खोकर मैं वीडियो बनाना भूल जाती और फिर उसकी अंगड़ाई पर मोहित होते याद आता कि आज भी मिस कर दिया। बच्चे दस बजे उठकर कहते-"क्या मम्मी आप भी!"

गिल्लू उतरकर मेरे हाथ से होता हुआ कंधे पर बैठ जाता। मैं उसे टेरेस पर छोड़ देती, वह खेलता, घूमता और फिर गोदी चढ़ भीतर आ जाता।

गिल्लू ने हमारी गोदी में ही अंदर-बाहर होते हुए भी जाने कैसे रास्ता याद कर लिया था। यह तब पता चला जब एक दिन वह गमले के पीछे बैठ चाँद चुराने के सपने बुन रहा था और बालकनी धोते हुए शिव ने वहाँ पानी उछाल दिया। हाइड्रोफोबिक गिल्लू भागकर सीधे अंदर आया और पर्दे पर चढ़ अपने घर में दुबक गया।

और हम आश्चर्य से टपक, ज़मीन छूने को आतुर अपने जबड़ों के साथ एक-दूसरे से कहते रहे- ऑsss गिल्लू को घर का रास्ता मालूम है।

31 मई, 2021

दिवा की दोस्त फ़ोन पर: तुमको हिंदी इंग्लिश के अलावा और कौन-सी लैंग्वेज आती है?

दिवा: थोड़ी कोरियन और फ्रेंच।

दोस्त: बोलो कुछ!

दिवा: बहुत थोड़ी ही सीखी है अभी।

दोस्त: कितनी?

शुभी: ....इतनी कि इंग्लिश सबटाइटल साथ हों तो फ्रेंच और कोरियन मूवी पूरी समझ लेते हैं।

दिवा: मम्मी.......

दिन भर चलती इन लड़ाइयों में गिल्लू का एटीट्यूड-तुम्हारी लड़ाइयों से मेको क्या... वाला रहता।

4 जून, 2021

आगे आने वाले दिनों में घर से कई चीज़ें गायब हुईं। जैसे कि शाम की सैर पर जाते हुए विक्रम ने अपना मास्क तलाशा किन्तु वह वहाँ नहीं था, जिसके लिए मुझे यक़ीन था कि मैंने स्टूल पर रखा देखा है फिर लगा शायद मैं ही भूल रही हूँ। ऐसा ही बालों के बैंड, रुमाल आदि के साथ भी हुआ और तब हुई पड़ताल में चोर हुआ **unmask!** पता चला इन सब का चोर हमारा गिल्लू है और यह सब सामग्री अब उसके घर की दीवारें छत और फ़र्श के रूप में काम आ रही है। 3 मास्क, 2 मोरपंख, 2 हेयरबैंड और जाने क्या-क्या से ... गिल्लू महाशय बना रहे थे अपना एक शानदार आशियाँ।

जैसा कि एक सच्चे फ़ेसबुकिए का धर्म है यह सूचना भी फ़ेसबुक पर पोस्ट की गई जिसमें कई मित्रों ने उन शैतान गिलहरियों के विषय में बताया जिन्होंने उनके मोज़े, चादर, पर्दे आदि काटे थे।

पोस्ट के कमैंट्स पढ़कर मैंने चिंतित स्वर में विक्रम से कहा- "पर्दे काट दिए तो क्या होगा?"

विक्रम बोले, "मुझे तो इतना पता है कि हम तीनों एक धागा भी निकाल दें तो हमारी शामत आ जाएगी। गिल्लू पूरा कुतर दे तो भी कहोगी-

"ऑsss पर्दा काट रहा है शैतान बच्चा। देखो, देखो कितना क्यूट लग रहा है। नो गिल्लू नो... पर्दा नहीं काटते। देखा विक्रम डाँटने पर कैसे नज़र चुरा रहा है बदमाश। मेरा बच्चा... आजा बेटू डर नहीं। आ तुझे कॉर्न खिलाऊँगी।"

मैं इतना सच सुनकर कुढ़कर रह गई।

***

अब गिल्लू को रिबन, बैंड, रुमाल दिए जाते और घर तक ढोते हुए देखा जाता। यहाँ तक कि अपने रंग-बिरंगे नए दस्ताने, मोज़े आदि भी जान-बूझकर दिवा बाहर छोड़ देती कि गिल्लू उन्हें चुरा ले जाए। जब अपने देश में जेसीबी देखने भीड़ जुट जाती है तो हम तो एक गिलहरी को साड़ी का रुमाल, मेरा मतलब रुमाल को गेंद बनाते देख रहे थे। यक़ीन मानिए ये सब इतना रोमाँचकारी था कि हम सब सुबह से शाम केवल यही कर रहे थे। ऑनलाइन वाले टीचर्स का लेसन्स बोल-बोलकर गला बैठ जाता और शुभी और दिवा का गिल्लू बोल-बोलकर। लैपटॉप के सामने, उकताए बच्चे और गिल्लू उबासी लेते मिलते या सोते हुए। इन दिनों गिल्लू ने आराम के लिए नई जगह तलाश ली थी। हम दिनभर परेशान होते कि गिल्लू कहाँ है फिर वह मिस्टर इंडिया की तरह अचानक सामने चला आता। पता चला कि वह ब्लाइंड्स के फोल्ड में पसरा रहता है। मुझे रिजॉर्ट्स में पेड़ों के तनों से बँधे आराम झूले याद आते।

कुछ ऐसी ही अनुभूति गिल्लू को होती होगी। अब हम ब्लाइंड्स डाउन करते हुए ध्यान रखते कि एक फोल्ड गिल्लू के लिए बना रहे।

12 जून, 2021

एक कार्यक्रम के लिए गीतांजलि श्री जी के उपन्यास पर वीडियो बनाना था। मेज़ कुर्सी लाइट ए.सी. सब जहाँ मुहैया था, वह गिल्लू का क्षेत्र था; मेरी रीडिंग टेबल। गिल्लू को बच्चों के कमरे में छोड़ा और वीडियो बनाना शुरू किया। इसी बीच शुभी और दिवा की 24 × 7 वाली लड़ाई सहित सब सही चल रहा था कि अचानक वह दूसरे कमरे में से घूमता हुआ आया और भागकर पर्दे पर चढ़ गया और मेरी कुर्सी तक भी चला आया। यह जानने कि आख़िर क्या नाटक चल रहा है! कई एडिट कट एंड पेस्ट के बाद भी फाइनल वीडियो में गिल्लू की उपस्थिति देखी जा सकती है।

रिकॉर्डिंग अपनी जगह है, फ़ोटो सेशन अपनी जगह और गिल्लू याद दिलाता रहा कि रीडिंग टेबल उसकी जगह है। जल्दी ख़ाली की जाए।

इस घटना का दोष आज भी शुभी और दिवा एक-दूसरे के सिर मढ़ते हैं। वह दरवाज़ा किसने खुला छोड़ा अभी भी रहस्य बना हुआ है।

13 जून, 2021

हमारा गिल्लू **trendsetter** बन चुका था। घर बनाने में मास्क के इस्तेमाल के गिल्लू द्वारा किए गये अद्भुत अन्वेषण के पश्चात शहर में मास्क चोरी की घटनाओं में निरन्तर बढ़ोतरी होने लगी। इस सुबह हमनें एक बड़ी गिलहरी को सड़क पर दो दिन से पड़े, धूल-धूसरित मास्क को बड़े यत्न से उठाकर पहली मंज़िल पर लाते देखा। वह बहुत देर उसका रोल बनाती रही। किसी और पंछी या गिलहरी के आने पर पेड़ के पत्तो में छिप जाती। बहुत देर हम उसे देखते रहे फिर भीतर चले आए। शाम को लॉबी का ए.सी. नहीं चलने पर अगले दिन ए.सी. सुधारने वाले भैया आए और पता चला कि वह बैक्टीरिया, वॉयरस से ओवरलोडेड मास्क गिलहरी जी ने बड़ी मेहनत से ए.सी. की आउटडोर यूनिट में फँसाकर, समय के पहिए की भूल में, ए.सी. का पंखा रोक दिया था। ख़ैर, दिनभर इसी ए.सी. की हवा खाए हम लोगों के पास 'किरोना मैया' की जय बोलने की सिवा और कोई उपाय नहीं था कोविड से बचने का।

***

ऐसा नहीं कि गिल्लू को खेल-खिलवाड़ में बिगाड़ा जा रहा हो। उसे पढ़ाने के भी पूरे प्रबंध किए गये। मेरी मेज़ पर उन दिनों रखी सारी किताबों और पत्रिकाओं को गिल्लू ने पढ़ा। हिंदी ही नहीं अंग्रेज़ी के जेन ऑस्टिन, वेर्जीनिया वूल्फ, अगाथा क्रिस्टी, केनेथ ग्राहम सरीखे लेखकों को भी पढ़ा। शुभी के साथ गणित और विज्ञान भी पढ़ा। कंप्यूटर चलाना भी सीखा। हालाँकि उसकी हरकतें बिल्कुल बैक बेंचर वाली रहीं। किताबों पर चढ़कर अवशिष्ट पदार्थ छोड़ देने में उसे कोई संकोच न होता। रेखागणित करते उसका अधिक ध्यान पेंसिल, इरेज़र लूटने और चबाने में होता। पेंसिल का ग्रेनाइट उसे स्वादिष्ट लगता था। पेंसिल पलट कर वह उसे चबाने लगता। सारी पेंसिल और पेंसिल कलर अब दराज़ों में रखे जाने लगे। लैपटॉप में ज़रूर कभी-कभी शुभी के हाथ पर बैठ ध्यान केंद्रित कर लेता लेकिन अधिकतर उसकी मंशा टाइप करती हथेली के भीतर घुसकर सो जाने की रहती।

वह बाहर कितना ही डरपोक हो पर घर के भीतर शेर था। दिवा की 'कैट' और 'लेपर्ड' से उसने दो-दो हाथ किए थे। हाँ, मुझे याद है कि म्यूज़िकल डॉग ने ज़रूर अपने बेसुरे गाने से गिल्लू को डराकर कुशन के पीछे छिपने को मजबूर कर दिया था पर बेसुरों के आगे बड़े-बड़े सुरमा त्राहिमाम कह ही उठते हैं।

यह डरपोक बच्चा कई बार हमें आश्चर्य से भी भर देता। एक दिन शुभी बाहर थी। एक छोटी गिलहरी को दाना खाते देख उसने पुकारा- "गिल्लू!" और वह उसके पास चला आया। वह उसे कंधे पर बिठाए अंदर आई।

"गिल्लू को आपने फिर से बाहर छोड़ा क्या?"

"नहीं तो।" मैंने कहा।

"फिर यह कौन है?" वह हँसी।

हम लोग उत्तर तलाशते चकित भाव से एक-दूसरे को देखने लगे।

"क्या तुम गिलहरी चोर बन गई हो?"

शुभी ने कुछ आश्चर्य, कुछ भय से आँखें बड़ी करते हुए, शंकित भाव से कंधे पर बैठे बच्चे को देखा, जो उसके बाल कुतर रहा था।

"किसका बच्चा उठा लाई हो? गिल्लू तो पर्दे के फोल्ड में सोया है।" दिवा हँसी।

हम गिल्लू के घर की ओर भागे। पर्दों में उसे तलाशा लेकिन वहाँ कोई नहीं मिला। शुभी की हथेली में बैठा बच्चा एक लंबी उबासी और कूद के साथ पर्दे पर चढ़ गया।

"यह तो बाहर बैठा आराम से दाना खा रहा था।"

"है तो यह गिल्लू ही पर बाहर कैसे गया?"

सब जगह तलाशा पर कोई रास्ता नहीं दिखा। ऐसा दो-चार बार होने पर हमने मान लिया कि यह ए.सी. के पीछे से कोई छेद बनाकर जाता है

हालाँकि बाहर की ओर से निकलने का कोई रास्ता नहीं दिखाई देता था। फिर एक दिन रहस्योद्घाटन हुआ। विक्रम रोज़ सुबह स्लाइडिंग खिड़की खिसका देते थे और बंद करते हुए ज़रा-सी झिर्री छोड़ देते थे और संतोष आकर पर्दा डाल देता था। आगे पर्दा होने के कारण हम जान नहीं पाते थे। मैंने कहा यूँ भी तुम्हारे पापा की जन्मपत्री में शनि का दोष है। वे कोई भी अलमारी, ड्राअर खोलकर बंद भी करते हैं तो उसका थोड़ा खुला छूटना निश्चित है।

शुभी बोली, "उनकी नहीं आपकी जन्मपत्री में दोष होगा क्योंकि उनके खुले छूटने से उलझन तो आपको होती है।"

लड़की ने बात तो सही कही थी। मेरी ही आँखों में दोष है जो धूल और अव्यवस्था दिखा-दिखाकर मेरा जी हलकान किए रहती हैं।

ख़ैर, ख़ुश होने की बात यह है कि गिल्लू अपने घर आने के एक नहीं कई रास्ते जानता था। विक्रम ने कहा- "रास्तों की समझ तुम लोगों से अच्छी है इसकी।"

यह थी तो सीधे-सीधे हमारी बेइज़्ज़ती है, लेकिन गिल्लू के प्रेम में इसे हमने अपने बच्चे की तारीफ ही माना। अपने ही शहर में खो जाने का हुनर रखने वाली मैं इस पर जिरह करती भी कैसे!

15 जून, 2021

हमारी सुबह गिलहरियों की किटकिट से ही शुरू होती थी। जाने दूर-दूर बैठ कौन-सी परिचर्चा करती हैं। बजट डिस्कस करती हैं कि विदेशी नीति या देश की रक्षा नीति। अपनी पूँछ उठाकर विशेष लय में फटकारती जाती हैं। हम गिल्लू के माध्यम से यह सब डी-कोड करना चाहते थे पर गिल्लू था कि मुँह सिए था। बचपन में छोटी-छोटी आवाज़ें निकालने वाला गिल्लू कदाचित हमें अनपढ़ समझ, संभ्रांत और उच्च वर्ग की अपनी अभिजात्य भाषा का एक भी शब्द हमारे समक्ष न बोलता। कभी-कभी हम हीन भावना से भर जाते और कभी इस चिंता से कि कहीं हमारा गिल्लू गूँगा तो नहीं! और तब आया था 15 जून का वह सुखद दिन जिसके विषय में यह लिखा गया-

आज का दिन विशेष है। विशेष होने का कोई विशेष कारण नहीं बस इतना ही कि आज गिल्लू को बोलते सुना है। सुख तलाशने कहीं दूर नहीं जाना होता। वह छोटे-छोटे पलों की गिफ़्ट रैपिंग

में आस-पास बिखरा रहता है। कई बार छोटी-छोटी आवाज़े निकालता रहा है लेकिन गिलहरियों की यह आवाज़ इसके मुँह से अब तक एक बार ही सुनी जब काँच बिखरने पर सुरक्षा की दृष्टि से गिल्लू को एक कमरे में बंद कर दिया था। ख़ुशी भी हुई थी कि सम्भवतः यह हमें ही पुकार रहा था, इसे अकेलापन लगा होगा। कभी -कभी भय होता कि हमारा गिल्लू गूँगा तो नहीं! आज इस भय पर पूर्णविराम लग गया। हाँ, इसकी बोली न समझ पाने का अफ़सोस ज़रूर हुआ।

यह कुछ ऐसा ही हुआ कि पूरा परिवार चिंतित है कि बच्चा बोलता नहीं और एक दिन सहसा बच्चा बोल उठता है- "सब्ज़ी फीकी है!" सब कहते हैं, "तुम बोल सकते हो तो अब तक बोले क्यों नहीं?" वह कहता है- "अब तक तो खाना सही ही बन रहा था।"

अब गिल्लू को अक्सर खिड़की के काँच से बाहर झाँकते पाया जाता। हमें लगा कि यह बँधा हुआ महसूस तो नहीं करता। अब उसे शाम के समय अधिक समय तक टेरेस पर छोड़ा जाने लगा। गिल्लू ही नहीं हम लोग भी कोविड काल में बँधा हुआ महसूस करते थे शाम को। तब रात को सैर पर जाना शुरू किया। मन तो करता था कि गिल्लू को भी जेब में रखकर ले चलें पर डर लगता था कि वह छूट गया तो इतनी झाड़ियों में से कहाँ ढूँढेंगे। और फिर वहाँ तो साँप का भी डर था फिर सोचा एक बड़ी टोकरी में रखकर ले आया करें। लेकिन यह तो उसपर और अत्याचार ही न हो जाए।

वह ललचाएगा पर मुक्त नहीं हो पाएगा। गिलहरियाँ अपने क्षेत्र भी बाँटे रखती हैं। घर के आस-पास उसके माता-पिता के इलाके में उसकी गंध परिचित कहलाएगी। ऐसे ही तर्कों से स्वयं को बहलाकर हम उसे घर ही छोड़कर जाते लेकिन वहाँ से लौटते ही सब ऊपर भागते। गिल्लू-गिल्लू पुकारते हुए। गिल्लू भी आवाज़ सुनते ही निकल आता और मेज़ पर रखा दाना चुगने लगता। घरबन्दी के इस समय में शनिवार रात कोई मूवी देखने का कार्यक्रम बनता। गिल्लू को टोकरी सहित दूसरे कमरे में शिफ़्ट किया जाता। विक्रम कहते कि तेज़ आवाज़ें उसे डराएँगी फिर उसका कान का पर्दा भी नाज़ुक होगा। टोकरी से निकलने के बाद गिल्लू भी वयस्कों में शामिल हो गया था। उसे दूसरे कमरे में छोड़ने पर भी वह चला आता और किसी न किसी के कंधे या गोदी में चढ़ा मूवी देखता फिर उकताकर मेज़ पर जाकर अपना दाना खाने लगता और फ़िल्मों के संबंध में हमारी रुचि पर अफ़सोस जताता। कई बार इस अफ़सोस में दिवा उससे सहमत दिखती।

***

अब हम सैर पर जाते तो ध्यान देते कि गिलहरियाँ क्या खा रही हैं। जंगली बेर आदि गिल्लू के लिए लाए जाते। हमारी सबसे बड़ी चिंता थी कि कोई ज़रूरी विटामिन, मिनरल से गिल्लू वंचित न रह जाए। गिल्लू भी लेकिन नई सदी का बच्चा था- न खीरा

खाता, न सेब। जंक फूड का लालची। कॉर्न उसका पसन्दीदा था इन दिनों। मूँगफली नहीं खाता था। किशमिश कभी-कभी कुतर लेता। काजू नहीं खाता था हालाँकि बाहर अन्य गिलहरियों में काजू के लिए बड़े-बड़े युद्ध लड़े गये। गिलहरी ऐसी बिल्ली होती हैं, जो बिना किसी बंदर की उपस्थिति के ही रोटी से वंचित रह जाती हैं। कोई पसन्दीदा चीज़ एक गिलहरी को मिलेगी, दूसरी उससे छीनने आएगी। पहली दूसरी को भगाएगी और ख़ुद भी उसके पीछे-पीछे भाग जाएगी और वह लज़ीज़ टुकड़ा किसी तीसरी गिलहरी या पंछी द्वारा उदरस्थ कर लिया जाएगा।

***

एक दिन सैर से लौटकर हम गिल्लू को ढूँढ़-ढूँढ़ के थक गये। कहाँ चला गया हम परेशान। सारे कुशन, तकिए देख लिए गये। पर्दे खंगाल लिए गये। कहीं नहीं।

अचानक मेरा ध्यान धोबी द्वारा लाई गई प्रेस के कपड़ों की गठरी पर पड़ा।

“इसमें तो नहीं सोया हुआ। इसे खोलो।”

विक्रम ने गठरी खोली और एक लंबी अंगड़ाई लेते हुए गिल्लू ने हमारी ओर देखा। देखा नहीं घूरा कि क्यों जगा दिया? समस्या क्या है आप लोगों के संग!

मैंने कहा न, घर में छोटे बच्चे हों तो अतिसतर्कता बरतनी पड़ती है।

"प्रेस के कपड़े देते हुए भी ध्यान रखना आप लोग।" शुभी ने सिहरते हुए कहा था।

***

गिलहरियों के दाँत भी चूहों की तरह लगातार बढ़ते हैं, इसलिए उन्हें घिसते रहना, कुछ कुतरते रहना इनके लिए आवश्यक है। गिल्लू को तरह-तरह की सीप, घास, खिलौने, लकड़ी आदि इसी प्रयोजन हेतु दिए ज़रूर गये थे लेकिन उसे सबसे उपयुक्त हमारे नाख़ून और बाल ही लगते। कई बार जब हम अपने हाथ उससे बचाने का प्रयास कर रहे होते वह भी हाथ पर टँगा हुआ ही ऊपर उठ जाता और कई दफा अपने पसंदीदा खाने को हमारी मुट्ठी से पाने के लालच में भी।

"लगता है यह बड़ा होकर हेयर स्टाइलिस्ट बनेगा।" दिवा चहकी।

मैंने कहा, "ज़रूर जावेद हबीब की तरह गिल्लू की पैन इंडिया चेन खुलेगी।"

"घास काटने का काम भी मिल सकता है इसे।" शुभी ने जोड़ा।

ख़ैर, इस कारण नाख़ूनों पर नेल पेंट लगाने से ज़रूर परहेज करना पड़ता। कोई भी केमिकल उसके लिए घातक ही होगा न!

कई बार हमने चाहा कि गिल्लू मोज़े, रूमाल, टाई आदि रोल करले ड्रॉअर में रखने के घर के कामों में अपना 'गिलहरी योगदान' करे पर यह रामायण काल का सतयुगी बच्चा तो था नहीं, आत्मनिर्भर भारत का जाप करते हुए उसने हमारे काम ख़ुद करने की नसीहत दे डाली। जैसी मदद गिलहरी ने श्री राम की लंका तक समुद्र के ऊपर पुल बनाने में की थी अगर उतनी भी मदद हमारी की होती तो राम जी की तरह हम भी उसकी पीठ सहलाते। क्या पता किसी करिश्में से उसकी पीठ पर नई सफ़ेद धारियाँ बन जातीं। कोई आश्चर्य नहीं कि इसी पुल को पार कर इंडियन पाम स्क्कुईरेल राम जी की सेना के साथ स्वयं भी श्री लंका गई हो। उसकी मदद को याद रखते हुए विजय के पश्चात विभीषण के राज्याभिषेक के साथ कुछ जंगलों का राजा गिलहरी को घोषित कर दिया गया होगा। क्योंकि तीन धारी वाली यही प्रजाति भारत के अतिरिक्त श्री लंका में भी पाई जाती है। प्रसंगवश बताती चलूँ कि यह तीन सफ़ेद धारियाँ जन्म से

ही बनी रहती हैं। मुझे पूरा विश्वास है कि किसी पौराणिक ग्रंथ से देर-सवेर पता चलेगा कि indian giant squirrel पर स्नेह भगवान राम ने नहीं, किसी हम जैसे उग्र स्नेहाभिव्यक्ति में विश्वास रखने वाले भगवान ने लुटाया था। और कोमलता से हाथ न फैरकर, उसके फर पर चमटी कर दी थी जिस कारण वह रंग-बिरंगे धब्बेदार rainbow fur वाली हो गई।

लक्ष्मण रेखा के उस पार

गिल्लू फॉरबिडन एरिया की ओर बढ़ गया था। बोगेन्विलिया की बेल पर चढ़ उसने स्टूल पर छलाँग लगा दी और बाजरा खाने लगा। मैं उसकी तस्वीरें लेने के लिए कैमरा खोलने लगी और वह वापस बोगेन्विलिया पर और बोगेन्विलिया से तार पर कूद गया। सब कुछ इतनी जल्दी और व्यवस्थित रूप में जैसे कि प्री-प्लांड हो। मैं गिल्लू! गिल्लू! पुकारती रही लेकिन वह तेज़ी से पेड़ पर चला गया।

मैं भीतर भागी। विक्रम को उठाया। बच्चों को जगाया। विक्रम ने सुझाया कि कॉर्न दिखाओ उसे लेकिन उसने कॉर्न की ओर देखा तक नहीं। बोला, "आज़ादी के मतवाले को कोई प्रलोभन लुभा नहीं सकता।" वह पेड़ की पतली डाल पर आगे बढ़, उसके सिरे पर हाथ-पैर बाँध गोला बनकर लटक गया। हमारी साँस अधर में कि अब गिरा, तब गिरा। तन्वी को फ़ोन मिलाया लेकिन उठा नहीं।

शुभी को आवाज़ दी। आख़िर उसके साथ सबसे अधिक रहता था लेकिन वह नींद में बोली, "चला गया तो जाने दो!" और सोती रही। दिवा और मैंने उसकी इस निस्पर्हता पर भरसक लानतें भेजीं लेकिन निंद्रा देवी ने उसे कुछ सुनने न दिया। हम उसे छोड़कर वापस बाहर दौड़े और गिल्लू! गिल्लू! चिल्लाने लगे। गिल्लू ने हमें वैसे ही इग्नोर किया जैसे ममता बेन ने हवाई यात्रा में मोदीजी को किया था और पेड़ की पत्तियों में गुम हो गया। जल्द ही एक बड़ी गिलहरी द्वारा हड़काए जाने पर वह गिरते-गिरते बचा। अपने बच्चे को इतने कष्ट में देखकर हम रोने लगे। तब तक सुनील, अक्षय,

संतोष आ गये थे। अमरूद के पेड़ को साधने के लिए लगाई गई एक बड़ी डाल निकालकर पेड़ से बालकनी तक एक 'रामसेतु' बनाया गया। राम जी की गिलहरी, राम जी का पुल। गिल्लू इससे घर आ जाएगा। गिल्लू का वह बैग जिसमें वह सोता था, वह भी उसी डाल पर लटका दिया गया। अक्षय और सुनील को पेड़ के नीचे खड़ा किया गया गिल्लू को देखने के लिए।

तन्वी का फ़ोन आया था। उसने कहा-

"आप घबराइए नहीं, वह लौट आएगा। प्लॉट देखने गया होगा।"

"वह भूखा है। दूध-बिस्किट भी नहीं खाया। बाजरा भी नहीं खाता अभी। कुतरता भर है।"

"वह पत्ते खा लेगा। कीड़े खा लेगा। कुछ भी खा लेगा। परेशान मत होइए।"

इसी समय सुनील ने कहा, "गिल्लू दिख रहा है। एक डाली पर चिपका बैठा हुआ है।"

तन्वी ने कहा, "कोई लंबे डंडे से देखिए नीचे उतर आए तो।"

"गिर न जाए।" मैंने चिंता जताई।

"गिर भी जाएगा तो उसे कुछ नहीं होगा।" तन्वी बोली।

तब मुझे उस गिलहरी की याद आई जिससे प्रथम तल के एक पतले गलियारे में अचानक आमना-सामना हो गया था। हम दोनों चीखे थे और वह गलियारे से सीधी नीचे कूद गई थी। मैं अपराध बोध से मर ही जाती जो किसी कुशल नट की भाँति ज़मीन का स्पर्श करते ही वह सधे क़दमों से आगे दौड़ न गई होती।

(बाद में मैंने जाना कि पेड़ से गिरने पर गिलहरी के कई बच्चे चोटिल हो जाते हैं और कई बार अंदरूनी अंगों की क्षति भी। यह भी सच है कि ख़तरा देख गिलहरी ख़ूब लंबी और खतरनाक कूद लगा लेती है।)

रुंधे गले से हम्म! कहते हुए मैंने फ़ोन रखा। एक लंबा डंडा ढूँढा गया। गिल्लू जिस डाल पर था उसके पास लगाया गया। अब बॉल लड़कों के पाले में थी। सुनील, अक्षय, संतोष, सब गिल्लू! गिल्लू! चिल्लाते हुए गोल-गोल घूम रहे थे।

"आ रहा है क्या?" मैंने पूछा।

"नहीं दूसरी डाली पर चला गया।"

आँसू अब बह निकले और मेरी निराशा गुस्सा बनकर शुभी पर निकली।

"तुमको यह नहीं कि उठ जाओ। बेचारा इतना छोटा है। क्या खाएगा बाहर?"

"तो मैं क्या करूँ? पेड़ पर चढ़ूँ?"

“आवाज़ तो दे सकती हो।” कहते हुए मैं उलटे पैर बाहर आ गई।

अचानक ‘आ गया! आ गया!’ का शोर हुआ और मेरी चीख निकल गई। गिल्लू पेड़ से नीचे गिर गया था। लड़के उसे उठा पाते इससे पहले ही वह भाग गया।

“क्या डंडा मारा तुम लोगों ने उसे?” मैं चिल्लाई।

“नहीं ख़ुद ही गिर गया।”

“कहाँ गया?”

“देख नहीं पाए। एकदम से भाग गया।” किसी ने कहा। चिंता में शक्लें गुम हो गईं, केवल आवाज़ें मुझ तक पहुँच रही थीं।

“इनके घर की तरफ़ गया।” पड़ोसियों के घर की ओर इशारा करते हुए दूसरे ने कहा।

“जाओ देखो।”

वे लोग तलाश में आगे बढ़े, एक-दूसरे को इल्ज़ाम देते हुए। मैं भी खोजी दस्ते में शामिल होने नीचे की ओर दौड़ी।

पड़ोसियों के लंबे गलियारे में गिल्लू क्या चींटी तक नहीं थी। केवल भैया थे। अख़बार हाथ में लिए देश-दुनिया की चिंता में लीन।

अचानक हुए घर पर हमले से वह चौकें, समझे कि इस वक़्त घर की चिंता करना अधिक आवश्यक है। आँखों की पुतलियाँ फैलाते हुए चश्मे के नीचे से घूरा। आँखों से दस्ते को परखा कि छद्म वेश बना सीबीआई या इनकमटैक्स वालों ने रेड तो नहीं डाल दी फिर उनके धारीदार कच्छे, बदरंग दीवारों और सुबह-सुबह धुत हो जाने वाले उनके दिवंगत पिता और भाई की आत्मा ने उन्हें हड़काते हुए समझाया कि ऐसी कोई संभावना सात जन्मों में भी सम्भव नहीं है।

"क्या हुआ?" उन्होंने खड़े होते हुए पूछा।

"गिलहरी तो नहीं आई कोई इधर, भैया?"

मैंने तरल स्वर में पूछा।

इस प्रश्न से जुड़ने में उन्होंने ख़ुद को असमर्थ पाया और 'कृपया हिंदी में बताएँ' के भाव से उपदेश की ओर देखा।

"एक गिलहरी का बच्चा पाला हुआ है। इधर तो नहीं आया?" उपदेश ने स्पष्ट किया।

"नहीं, नहीं इधर तो कोई नहीं आया।" उन्होंने गलियारे में नज़र दौड़ाते हुए कहा।

उनके विश्वास पर आपत्ति जताते कहने का मन हुआ कि हाथी नहीं गिलहरी के विषय में पूछा है। अख़बार में डूबे हुए उसकी क्या ही ख़बर हुई होगी आपको।

ख़ैर, निराश मन से हम सब लौट आए। विक्रम के सुझाव पर गिल्लू की टोकरी, पानी और खाने का बर्तन उनके गलियारे में रखवा दिया गया। इस आस में कि अगर गिल्लू वहाँ हो तो उसे कोई असुविधा न हो।

संतोष ने नाश्ता बना लिया था। विक्रम को डिस्पेंसरी निकलना था। उन्होंने कहा- "अब उसे नियति पर छोड़ो और दोनों बच्चों को नाश्ता कराओ।"

विक्रम बाहर निकले तो ताक़ीद की गई कि कार के नीचे न हो गिल्लू, जाँच लें।

वे चले गये और बच्चों को नाश्ता देकर मैं पूजा के लिए बैठी। यह नवरात्रों का समय था। पूजा करते हुए यही लगता रहा कि ऐसे कहाँ जा सकता है? एक बार मैं ख़ुद जाकर देखती हूँ। अधूरी पूजा से देवीजी कुपित न हो जाएँ इस कारण पूजा समाप्त करके मैं नीचे उतरी और अक्षय और उपदेश को साथ ले पुनः पड़ोसियों के घर गई। पहली बार मैंने उनके घर के भीतर प्रवेश किया। टोकरी और बैग ख़ाली थे। गैलरी सामने एक कोठरीनुमा कमरे में मिल रही थी।

"यह क्या है?"

"स्टोर है?"

"खोल सकते हैं क्या?"

"हाँ।"

यह बात हो ही रही थी कि एक गिलहरी वहाँ लगे जाली के दरवाज़े से बाहर की ओर बढ़ी।

"वह रहा गिल्लू।" मैं चिल्लाई।

अक्षय और उपदेश दौड़े लेकिन गिल्लू पहले ही भीतर जाकर छिप गया।

"भैया चाबी?"

वह भीतर गये और चाबी और भाभी के साथ लौटे।

"क्या हुआ?" भाभी ने चकित होते पूछा।

"गिल्लू है भीतर!" उपदेश चहका।

"बंद दरवाज़े से कुत्ता कैसे घुसेगा? उन्होंने उपदेश की कमअक़्ली पर खेद जताया।

"कुत्ता नहीं गिलहरी है!" भैया ने ग़लतफहमी दूर की।

भाभी ने चाबी आगे बढ़ाते हुए भैया सहित हम सबको इस दृष्टि से देखा जैसे हम सबने नवरात्रों में शिवरात्रि का प्रसाद ग्रहण कर रखा हो।

ताला खोला गया और उस स्टोर की सुव्यवस्था और सफ़ाई देख मेरा दिल बैठ गया। मैंने अपने निकम्मे स्टाफ और उनके दरियादिल मालिक को मन ही मन कोसा और मज़बूत दिल के साथ गिल्लू पर ध्यान केंद्रित किया।

"इधर नहीं है मैम।" उपदेश बोला।

"हमारे सामने तो इधर आया है। देखो ध्यान से।" मैंने खीझते हुए कहा।

वे दोनों यूँ ही अन्यमनस्कता से इधर-उधर देखने लगे।

"ऐसे मिलेगा क्या? एक ओर से शुरू करो।"

पहले कोने से शुरुआत की गई। चौथे कोने में गिल्लू मिला और उसके बाद कोना बदल खेलते हुए उसने जो दोनों को छकाया।

इधर गया... उधर गया की आवाज़ों के बीच मेरी चिंता उसकी सुरक्षा की थी। कोई 20 मिनिट की रणनीति और भाग-दौड़ के बाद बगुला से कौआ बने गिल्लू अक्षय के हाथ में थे। उन्हें टोकरी में रखकर विजय भाव के साथ उपदेश घर लेकर आया। मैं इस द्वंद्व के साथ लौटी कि हमारी यह जीत उसके हित में है या महज़ उसकी क़ैद के दिन लंबी करने की क़वायद। गिल्लू को सूती मुलायम गीले कपड़ों से पोंछ, मेज़ पर छोड़ दिया गया और वह ऐसे खाने लगा जैसे कुछ हुआ ही नहीं।

शुभी और दिवा ने उसे घेर लिया और अगले ही पल वह शुभी की गोदी में था जिसपर दिवा ने चिल्लाया- "देख रही हो मम्मी। यह लड़की उठी तक नहीं थी। कह रही थी चला गया तो जाने दो। अब इससे लो गिल्लू को।" आगे शुभी से मुख़ातिब होती बोली- "तुमको तो अब छूने भी नहीं देंगे गिल्लू को।"

इस पर 'मेरा बच्चा! मेरा बच्चा' कहते उसकी पप्पी-झप्पी लेते हुए शुभी उसे लेकर अपने कमरे में चली गई।

मैं दिवा के साथ नेट खंगालने लगी कि गिलहरी को छोड़ने के लिए सही उम्र क्या है। 12 से 16 हफ्ते पढ़कर संतोष हुआ कि निश्चय ही हमारा गिलौटा अभी छोटा है। मैंने ग्लानि से निकलते हुए राहत की साँस ली।

गिलहरी के बच्चों की देखभाल करते हुए उन्हें आरंभ में सुरक्षित वातावरण देना आवश्यक है। इसके पश्चात इन्हें घर के खुले क्षेत्र आँगन आदि में छोड़ना चाहिए और भीतर आने का मार्ग खुला रखना चाहिए। इसे सॉफ्ट रिलीज कहते हैं। कुछ और बड़ा होने पर इन्हें इनके संभावित जन्मस्थान पर छोड़ दें पर घर वापसी का मार्ग खुला रहने दें। कुछ समय तक यह घर के भीतर आते हैं फिर बस कभी-कभी आपसे मिलने आ जाते हैं और आपका दिन बना देते हैं।

कुछ स्थानों पर सॉफ्ट रिलीज 7 से 8 हफ्ते और हार्ड रिलीज 10 हफ्ते भी लिखी हुई है। सॉफ्ट रिलीज का अर्थ हुआ कि कुछ देर के लिए अपनी निगरानी में निश्चित परिधि में छोड़ना ताकि वह अभ्यस्त हो सके। हार्ड रिलीज का अर्थ हुआ पूरी तरह छोड़ देना। यह अधिकतर घायल या बीमार व्यस्क गिलहरी के स्वस्थ होने पर किया जाता है।

हमारा अनुभव रहा कि यह हर बच्चे के साथ अलग हो सकता है। उसे स्नेह, पोषण और निरीक्षण के साथ स्वतंत्रता देने पर वह अपने जीवन के निर्णय ख़ुद लेता चलता है। उसकी क्षमता और बाहर के खतरों को तोलते हुए आप निर्णय ले सकते हैं। रिलीज सुबह के नाश्ते के बाद करें और खराब मौसम में न करें। उसके लौटने के लिए रास्ता खुला रखें।

अगले दिन गिल्लू को नियमित समय बाहर छोड़ा गया। वह सीधा स्टूल की ओर दौड़ा और वहाँ रखे गमलों पर चढ़कर मुंडेर पर चढ़ गया। मेरे गले में कुछ फँसा लेकिन मैंने गिल्लू को रोकने का कोई प्रयास नहीं किया। बस वहाँ खड़ी रिपोर्टिंग करती रही।

- कूद गया उधर दीवार पर।
- बड़ी गिलहरी से लड़ाई चल रही है।
- चकमा देकर दूसरी तरफ चला गया।
- वापस आ रहा है।

विक्रम: देखो हाथ पर ले लो।

मैं: ओहो!

विक्रम: क्या हुआ?

मैं : पेड़ पर चला गया डरकर। कल भी यही हुआ था इसके साथ। पेड़ पर चला जाता है, वापस नहीं आ पाता, गिलहरी भी गिलहरी की दुश्मन होती है।

वह पेड़ पर चला गया और हम उसे एक डाल पर पद्मासन में लटके देखते रहे।

दिवा और मैंने उसे पुकारा। दिवा ने बैग दिखाया।

"डोंट यू वांट टू बी कंफर्टेबल इन दिस।"

वह योगा के सारे आसन ट्राई करता रहा।

"आई कांट वॉच दिस।" दिवा ने दुखी होते कहा।

हवा के कारण पेड़ की टहनी हिल रही थी और भय लग रहा था कि वह गिर न जाए। हम साँस थामे उसे देखते रहे, जब तक कि वह पेड़ की भीतरी डालों में ओझल नहीं हो गया।

अब कोई न कोई बालकनी में खड़ा था कि वह आए तो पुकारा जा सके। एक-दो बार वह मुंडेर के कोने पर दिखा भी पर हर बार किसी बड़ी गिलहरी या अन्य पंछी से डरकर वापस चला गया।

"ऐसे तो यह कुछ खा भी नहीं पाएगा।" मैंने विक्रम से कहा।

वे बोले, "उसी तरफ रखवा दो दाना-पानी।"

"उधर हाथ नहीं पहुँच पाएगा।"

अक्षय को बुलाया गया। उसने दीवार पर चढ़कर छोटे-छोटे बर्तनों में पानी और बाजरा पेड़ के समीप रख दिया। कुछ देर बाद गिल्लू इस प्लेट के भीतर बैठ दाना कुतरता दिखा। मन शांति पाया। यह ज़रूर कि 'रेस्ट्रिक्टेड एंट्री' का बोर्ड न लगा होने के कारण बड़ी गिलहरियों के लिए भी यह नया शग़ल सिद्ध हुआ और

वे भी वहाँ खाती और खाने से अधिक फैलाती हुई नज़र आने लगीं पर गिल्लू का संघर्ष कुछ कम तो हो ही गया।

बड़ी गिलहरी उस छोटी प्लेट में बैठी ऐसी लगती जैसे कोई अधेड़ व्यक्ति, नवजात शिशु के पालने में सो गया हो। गिल्लू के आने के बाद से यूँ भी व्यस्क गिलहरियाँ हमें भीमकाय दिखतीं। जब वे गिल्लू को खदेड़ती तो उनके नैन-नक़्श में क्रूरता नज़र आती। सापेक्षता का सिद्धांत प्रबलता से हमें अपने वश में किए था और तिस पर शिशु मोह से उपजी संकीर्णता भी।

वह दिन धड़कते दिल से बीता कि गिल्लू लौटेगा या नहीं। हर एक स्लाइड के बाद मैं बाहर दौड़ती। हर रिपोर्ट के बाद उसका नाम पुकारती। विक्रम ने भी बार-बार फ़ोन करके पूछा कि लौट आया क्या और हर बार नहीं सुनकर कहा कि दरवाज़ा खुला रखना कि वापस आ सके। कॉर्न और अंगूर रख दो उसके लिए बाहर। यह सब हम कर ही चुके थे पर विक्रम को गिल्लू की इतनी चिंता करते देख मन में कुछ सुख भी हुआ।

गिल्लू 3 बजे के क़रीब लौट आया। उसे उतना ही प्यार किया गया जितना प्ले स्कूल से पहले दिन लौटे बच्चे को किया जाता है। दिन कैसा रहा? किसी ने मारा तो नहीं? रुलाया तो नहीं जैसे प्रश्नों के जवाब चाहे गये। गिल्लू भी शुभी की गोदी में ऐसे दुबक कर पड़ा, मालिश कराता रहा जैसे गाज़ियाबाद से यूपी रोडवेज की बस पकड़कर दिल्ली गया हो और पूरे दिन की नौकरी बजा कर लौटा हो।

***

इसके बाद गिल्लू का रोज़ सुबह बाहर पेड़ पर जाना और लौटना जारी रहा। लौटने का समय ज़रूर 3 से सरककर 12 पर आ गया और किसी-किसी दिन तो सुबह 10-10:30 बजे ही लौट आता। हम कहते, "जा गिल्लू, कुछ काम तो निबटा लेने दे भाई!" क्योंकि उसके आने के बाद बौराए से हम उसके आगे-पीछे ही घूमते रह जाते। परवीन शाकिर को याद करते हुए -

वो कहीं भी गया, लौटा तो मेरे पास आया।
बस यही बात है अच्छी मेरे हरजाई की।

ख़ैर, उसके बाहर होने से भी कोई बहुत अधिक अंतर नहीं पड़ता था क्योंकि वह हमें दिखाई देता रहता था। कोरोना और कोरोना का बच्चों के मानसिक संसार पर प्रभाव, शिक्षा का बदला स्वरूप, अस्पतालों की अव्यवस्था और सरकारी नीतियों जैसे बड़े-बड़े विमर्श गिल्लू की गतिविधियाँ देखते हुए ही फ़ोन पर किए जाते। उसने हम पर कोई काला जादू कर दिया था जिसका प्रभाव अभी भी टूटा नहीं है।

गिल्लू को स्पेशल ट्रीटमेंट सदा मिलता रहा। गिल्लू के बर्तन पर अन्य गिलहरी और चिड़ियाँ क़ब्ज़ा कर लेते और हम उसके लिए एक नया कोना बनाते जहाँ वह शांति से खा सके। दरअसल पूरा खाना ही हम कई स्थानों पर बाँट कर रखते ताकि उनमें भोजन के लिए आपसी संघर्ष को कम किया जा सके। मुझे लगता है कि मूलभूत सुविधाओं की प्राप्ति सब का सहज अधिकार है। यह पाने के पश्चात ही व्यक्तिगत विकास पर स्वयं को केंद्रित किया जा

सकता है किंतु गिलहरियाँ मेरी इस अवधारणा को महत्व न देकर अनावश्यक संघर्ष की आदिम प्रवृति पर बल देती दिखतीं।

गिल्लू के लिए खाना बचाते-छिपाते याद आया कि कभी हम गिलहरी से चिड़िया के लिए खाना बचाने के लिए परेशान होते थे जो फ़ेसबुक पर कुछ यूँ दर्ज भी है-

यह दिसम्बर के कोहरे में नहाया हुआ एक ठिठुरन भरा दिन था। सूरज बादलों का नर्म कम्बल ओढ़े अलसाता था। सुबह और दोपहर में अंतर करना कठिन था। कमरे की खिड़की से बाहर दिखती मुंडेर पर रखे दानों के लिए गिलहरी, गौरैया से लड़ रही थी। एक फ़ाख्ता आया, उसे भी अपनी झब्बेदार पूँछ को उठाकर, डरा दिया। वह मासूम सहम कर दूसरे घर की छत पर जा बैठा। मैं गिलहरी की दादागिरी से तंग आ गई हूँ। शक्ल से मासूम दिखती गिलहरी इतनी लड़ाका होगी यह विश्वास नहीं होता। गौरैया का झुंड तो तब भी मौका पाकर दाना खा ही लेता है लेकिन फ़ाख्ता वह तो कभी-कभी आता है और संकोची इतना कि ज़रा-सी आहट और वह फुर्र! शांतिप्रिय जीवों के लिए जीवन सदा कठिन क्यों रहा है?

***

इन दिनों गिल्लू पर्दे से नीचे उतरता। हम सोचते हमारे पास आ रहा है लेकिन वह वाईफाई के मॉडेम पर बैठ सन् बाथ लेने लगता। आगे यह उसका पसन्दीदा स्पॉट बना रहा। हमने पढ़ा था कि गिलहरियों को गर्मी अच्छी लगती है। मॉडेम को हम उसका 'बीच' कहने लगे और जब वह वहाँ बैठा होता है, उससे संवाद करना भी आसान होता-

गिल्लू यह तुम्हारा स्पा टाइम है? क्या कर रहे हो? 'हीट बाथ' ले रहे हो? पेड़ पर मिलता है? 'सन बाथ' मिलता होगा वहाँ! क्या अच्छा लगता है तुम्हें? सन बाथ या हीट बाथ? हम रोने लग गये थे कि गिल्लू लौटेगा या नहीं और जब हम तुम्हें आवाज़ दे रहे थे तुम देख भी नहीं रहे थे। ऐसे हो जाते हो बाहर जाकर तुम? और घर में हमारे ऊपर चढ़ते हो। हमें काटते हो। बाहर जाकर हमें भूल जाते हो। कोई स्विच लगा है ऑन-ऑफ का तुम्हारे अंदर? हम तुम्हें देखकर इतना मुस्कुराए पर परिचय की कोई गाँठ नहीं लग पाई। ऐसा कैसे हो गया गिल्लू? बताओ। तुम्हारे लिए अंगूर रखे थे तो बड़ी गिलहरी आकर खा गई। पता है तुम्हें यह बात?

***

ख़ाली घर ख़ाली कब होता है

इन्हीं दिनों पुराने घर की खिड़कियों और रोशनदानों में भी गिलहरियों ने घोंसले बना रखे थे। बारिश और धूप से बचने के लिहाज़ से पेड़ों की अपेक्षा ये सुरक्षित जगह हैं। एक घोंसले में तो दो बड़ी गिलहरी और 8-10 बच्चे दिखते। ये कोई क्रेच है या दो बहनें एक साथ रह रही हैं? हम एक-दूसरे से पूछते। ये बच्चे कहीं नहीं जाते हैं। घोंसले में ही दिखते। संभवतः इनकी माँ इनके लिए खाना लाती होंगी। हम गिल्लू के लिए दुखी होते कि अनाथ होने के कारण उसे बालश्रम करना पड़ रहा है। विक्रम हमें हड़काते कि वह अपनी मर्ज़ी से ख़ुशी-ख़ुशी घूमने जाता है।

इसी घर में किताबों की अलमारी में बिल्ली ने बच्चे नहीं चिड़िया ने अंडे दिए थे। यहीं साँप की केंचुल भी एक खिड़की पर मिली थी। इसी घर की छत को मोरों ने प्रभात गान के लिए चुना था और इसी घर के पीछे आँगन में गोह का परिवार सानंद घूमता था।

कई जीवन जगते हैं कई जीवन सोते हैं
ख़ाली घर ख़ाली कब होते हैं!

***

अगस्त के शुरुआती दिनों में मसूरी जाना तय हुआ था। समस्या गिल्लू की थी। उसे साथ लेकर नहीं जा सकते थे न ही छोड़कर। सब ने कहा जिस गेट से अंदर आता है उसे बंद कर जाओ। वह भीतर नहीं आ पाएगा तो बाहर ही रम जाएगा। इस दृश्य की कल्पना से ही मन भर आया। आख़िरकार इसे हमारा घर समझकर नहीं अपना घर समझकर हर शाम लौटता था। अपने ही घर में प्रवेश

का अधिकार छिन जाने का दुख! कलेजा मुँह को आने लगता। हम नहीं चाहते थे कि परवीन शाकिर की तरह गिल्लू गाता घूमे-

हाथ मेरे भूल बैठे दस्तकें देने का फ़न।
बंद मुझ पर जब से उसके घर का दरवाज़ा हुआ।

कई दिन इसी उहापोह में बीते कि क्या किया जाए कि जाना भी रद्द न हो और गिल्लू की समस्या का निवारण भी हो जाए। तब इस नतीजे पर पहुँचे कि लोहे की जाली का दरवाज़ा बंद कर, लकड़ी का दरवाज़ा खुला छोड़ा जाएगा। ईंट बीच में फँसा कर उसे ऐसे साधा गया कि वह अचानक से हवा से बंद न हो और गिल्लू को घायल न करे। दरवाज़े और दीवार के बीच पर्दा डाला गया क्योंकि इसी पर वह चढ़कर आता था। पट्टन भाई साहब ने रोज़ घर खोलकर मेज़ पर खाना- पानी रखने की ज़िम्मेदारी ली और बाहर की व्यवस्था सदा की भाँति स्टाफ को सौंपी गई। प्रतिदिन फ़ोन पर कुशल-क्षेम पूछी जाती रही। जब लौटकर आए तो सब कुशल था सिवाय इसके कि कुछ दिन बाद बाहर बालकनी से गुज़रते खिड़की पर नज़र पड़ी तो पर्दे के भीतर का अस्तर एक जगह से कटा हुआ पाया जिसके अंदर गिल्लू ने अपना नया बसेरा बनाया होगा। मैंने विक्रम से कहा कि तुम्हारे स्टाफ ने मेरे बच्चे को डरा दिया इसी कारण उसे इस गुफा का निर्माण अपने बचाव के लिए करना पड़ा।

सदा की तरह उन्होंने इल्जाम मौन रह स्वीकार लिया। इस पर मैंने चिंतित होते हुए कहा - “यह सिल तो जाएगा न!”

“हाँ, अस्तर बदल जाएगा।”

“हम्म... आज भेज दें?”

"नहीं, जब गिल्लू चला जाएगा तब एक साथ करवा लेंगे।"

"ठीक है। सामने से तो नहीं दिख रहा।" मैंने आख़िरी लाइन अपनी तसल्ली के लिए ही कही। गिल्लू की समान दिनचर्या चलती रही। हम उसके इंतज़ार में उमस भरी गर्मी में बिना ए.सी. चलाए, दरवाज़ा खोले उसका इंतज़ार करते रहते।

***

दिवा जून के आख़िर तक गिल्लू को न केवल छूने लगी थी बल्कि आगे आने वाले समय में वही थी जो गिल्लू को पकड़ पाती थी। मुझे उसे ज़बरदस्ती पकड़ने में संकोच होता था। शुभी छोटे से गिल्लू से गच्चा खा, हँस-हँसकर बेहाल हुई जाती केवल दिवा ही थी जो तटस्थ भाव से उसे पर्दे के फोल्ड में बैठा पा, पकड़ लेती।

मैं कहती कि रहने दे। वह कहती, "मम्मी हमें भी खेलना होता है गिल्लू के संग।"

"तुम्हें कोई ज़बरदस्ती प्यार करे तो?" मैं पूछती।

उन दिनों मुझे अहसास होने लगा था कि वह 'irresistibly cute' है, केवल इस कारण हमें उसे अपने मन से दुलारने का अधिकार नहीं मिल सकता।

"लो तो छोड़ देती हूँ।" दिवा ठिनकती।

और गिल्लू यह जा, वह जा...

"अरे!" शुभी चिल्लाती और पकड़म-पकड़ाई, छुप्पम-छूप्पाई का नया खेल शुरू हो जाता। कभी वह पकड़ में आ जाता तो सब एक-दूसरे की मिन्नतें करते कि कुछ देर हमें भी ले लेने दो गिल्लू को। कभी नहीं पकड़ में आता तो हम सब हारे खिलाड़ियों की तरह झेंपे चेहरे लिए बैठ जाते इधर-उधर। और थोड़ी ही देर में गिल्लू आ कर कभी हमारी कोहनी तो कभी उँगलियाँ काटने लगता।

"गिल्लू अब क्यों आया है? जा हम नहीं खेल रहे।" हम उलाहना देते।

लेकिन वह खेलता रहता। करतब दिखाता और ख़ूब देर तक मालिश भी करवा लेता। उसका पसन्दीदा खाना लाने और खिलाने की होड़ मच जाती। नहीं होड़ बस खिलाने की, लाने के लिए तो सब एक-दूसरे को निर्देश देते। जाना कोई नहीं चाहता।

वह भी पूरी क़ला-बाज़ी दिखाता। तेज़ी से भागता-दौड़ता। उसकी चपलता ऐसे समय में चरम पर होती। वह बार-बार मोबाइल पर चढ़ जाता। टच सेंसटिव स्क्रीन चेंज हो जाती। केयर रिएक्शन की जगह लाफ रिएक्शन सेंड हो जाता। हम डरते कि गिल्लू कुछ ग़लत संदेश न प्रेषित करवा दे किसी को।

वह हमारी बंद मुट्ठी को अपने मुँह से खोल कॉर्न ले जाता। हम कहते, "लगती है गिल्लू। काटने के अलावा कोई और गेम क्यों नहीं खेलते हो। क्रिकेट, फुटबॉल... चेस खेलोगे?"

वह और काटता।

“इधर आ तू बदमाश।” हम उसे पकड़ने दौड़ते और वह भाग कर पर्दे के ऊपर।

“चूहे जैसा लगता है तू।” हम उसे चिढ़ाते।

वह शायद मन ही मन हमें बंदर कह, हिसाब बराबर कर लेता होगा।

यह हमारा भ्रम था कि गिल्लू हमारा खिलौना है। दरअसल हम सब उसके खिलौने बन चुके थे।

जब वह हमारे पास होता हम उसे स्नेहपूर्वक सहलाते रहते। वह आँखें बंद किए अपने शरीर को बिलकुल ढीला छोड़ देता हालाँकि उसके दिमाग की सजगता बनी रहती और हमारा ध्यान बँटते ही वह पर्दे के ऊपर।

हम हँसते कि कपिल शर्मा शो की 'सपना' की तरह हमारा भी मसाज पार्लर है। स्पेशल मसाज का नाम है- ज़बरदस्ती मसाज। हमनें गिल्लू से हमारा एजेंट बन अन्य गिलहरी क्लाइंट जुटाने का प्रस्ताव भी रखा। हम उसे कॉर्न कमीशन देने के लिए भी तैयार थे पर उसने अजय देवगन की आवाज़ में कहा-मैं वह काम करता हूँ, जिसकी इजाज़त कानून नहीं देता। वह काम नहीं करता, जिसकी इजाज़त मेरा जमीर नहीं देता। हम समझ गये कि कहानी ही नहीं पूरी ज़िंदगानी फ़िल्मी है।

जुलाई, 2021

इन दिनों हम कैंपस से बटोर कर अमलतास के फूल और और लम्बी-काली फलियाँ लाते। उन्हें अपने घर के आस-पास बिखेरते। घर के पास अमलतास का जंगल उगाने की चाह मन में थी। जंगल तो नहीं उगा पर गिल्लू के लिए ये फलियाँ ख़ूब काम आईं। गिल्लू को चबाने के लिए दी गईं। उसी की नोंक पर कॉर्न, रोटी फँसाकर उसकी मचान तक रिश्वत पहुँचा दी जाती। कुछ खाना वह ऊपर जमा किए रहता या सम्भवतः स्वयं जमा होता जाता। हमारी भरपूर उपेक्षाकर वह वहीं से उठाकर खा लेता। गिल्लू को मुलायम टहनियाँ दी जातीं, जिसे वह गन्ने की तरह छीलता। काश कि उसमें रस भी होता! पर नहीं प्रकृति हमसे अधिक समझदार है। अगर रस होता तो हमारे घर में चिटियों का अंबार लग जाता।

खाने में विविधता रखी जाती और उसे घर के भीतर भी कई स्थानों पर बाँटकर रखा जाता ताकि वह खाना तलाशना सीख सके।

ख़रगोश अब्दु

पड़ोसियों के घर खरगोश आया था। यह हम सबके लिए कौतूहल का विषय था। उन्होंने सहृदयता दिखाते हुए कहा, "बच्चों को खेलना हो तो ले जाएँ। उनका रखा नाम समझ नहीं आने पर हम उसे अब्दु कहकर पुकारते। शेक्सपीयर को ग़लत साबित करते हुए, जिसे उसने कभी स्वीकारा नहीं।

अब्दु डरता था हमसे। सोफ़े के नीचे, मेज़ के पीछे छिप जाता। बाजरे की पत्तियाँ ख़ूब मन से खाता था। बाजरा हमारे हर गमले, हर क्यारी में उग आया था। गिल्लू और खरगोश की मुलाकात कभी नहीं हो सकी। गिल्लू उस समय अपने दोस्तों के साथ 'फर्लो' पर होता।

कोविड के नियंत्रण में आने पर कॉलेज खुले। पड़ोसियों का बेटा श्रेयस भी अपने हॉस्टल जाने लगा। उन्होंने कहा कि अब्दु को आप रख लीजिए। बच्चे चाहते थे कि हम रख लें पर उसे न रखने का एक कारण मेरे पास मौजूद था।

मैं चाहती थी कि वह टेरेस पर ही रहे लेकिन वहाँ से उसके कूद जाने का डर बना रहता और बच्चे भी उसे अंदर ले आते। उसने मेरे मंदिर में जाकर लघु क्रिया की थी इसलिए मुझे डर था। पिंजरे में क़ैद करके रखना मुझे भाता नहीं। जब पता चला कि उन्होंने उसे यूँ ही छोड़ दिया है तब हमनें उसे रखना चाहा पर वह मिला नहीं। अंततः यह जानकर तसल्ली हुई कि वह उनके घर में ही अंदर-बाहर होता रहता है। वह घर उसका जाना पहचाना था। मेरे घर को

वह अपना नहीं मानता था। सब जानकारी स्टाफ से मिली। हमनें उसे कभी सड़क पर नहीं देखा। हमारे बाग़ीचे में उग आए बाजरे की पत्तियाँ हम भिजवा देते जिन्हें वह बड़े शौक से खाता था। यह ज़रूर लगा कि ये नन्हे जीव हाड़- माँस से बने हैं। इन्हें समय काटने का खिलौना न समझा जाए। बचपन से सुरक्षित माहौल में रहने के बाद इनका बाहर की दुनिया में संघर्ष बहुत बढ़ जाता है। इन्हें अपनाएँ तो निभाएँ भी।

सपनों की रानी का प्रवेश

यह बीतते अगस्त की कोई सुबह थी जब एक नन्ही गिलहरी को बाजरे का दाना खाते हुए हमनें देखा। दर्प से भरी चंचल देह, सलीके से सजी-सँवरी। वह चलती तो नन्हे पैरों में बँधी पाज़ेब दिखाई भले ही न दे, रुनझुन सुनाई ज़रूर देती। अब वह प्रतिदिन अपनी माँ के साथ दिखाई देती और जल्द ही अकेले भी दिखने लगी। जिस उम्र का गिल्लू हमें मिला था वह उससे भी कमउम्र दिखती।

"यह इतनी छोटी होकर दाना कैसे खा ले रही है? गिल्लू तो सूखा बिस्किट भी नहीं खा पाता था।"

"भोंदू बना दिया है तुमने लाड़ कर-करके।" विक्रम कहते।

मैं चिढ़ जाती, "माँ की जगह कोई ले सकता है क्या? सुज़ैन की माँ साथ है तभी वह आत्मविश्वास से भरी दिखती है। गिल्लू बेचारा तो..."

"नहीं, उसके पास तीन माँ हैं। तुमलोग बहुत ध्यान रखते हो उसका मैं देखता हूँ।"

"हम्म... लड़कियाँ आजकल तेज़ हैं लड़के सीधे हैं।" मैं सफ़ाई देती।

कोर्ट आरोप और आरोपी को बाइज़्ज़त बरी कर देता।

उसको देख शोले की बसंती याद आती थी। मैं उसे बसंती ही कहती। कुछ दिन बाद ही वह अकेली भी आने लगी। गिल्लू देर से उठता था। एक दिन वह आया तो सुज़ैन भी देर तक वहीं थी। गिल्लू उसे देख डरकर वापस आ गया मैंने कहा "इतनी छोटी गिलहरी से भी डरोगे गिल्लू?"

उसने इसे चैलेंज की तरह लिया। वह तेज़ी से पलटा और सुज़ैन से बचता हुआ द्रुत गति से पेड़ पर चला गया। सुज़ैन को उसकी उपस्थिति का अहसास हुआ और वह भी उसके पीछे पेड़ पर चली गई। अशोक का पेड़ न हुआ दिल्ली का कालिंदी कुंज हो गया, जहाँ हर पत्ते के पीछे दो दिल एक होने को बेताब हैं। सुज़ैन की वाचालता के कारण उसका नया नामकरण बसंती हुआ जो शुभी और दिवा को ज़रा भी न भाया। हैरी पॉटर वाले ये बच्चे क्या जानें शोले का सुख!

29 अगस्त, 2021

फ़ेसबुक पर बसंती का परिचय गया-

मिलिए बसंती से। इनकी चंचलता ही इनका शासन है। यह सुबह छः बजे से ही जो शोर मचाना शुरू करती हैं, शाम ढले तक उसकी अनुगूँज तिरती रहती है। हर सुबह यह गिल्लू को पुकारने मेरे कमरे

के बाहर चली आती हैं। गिल्लू का पीछा करते घर के भीतर आने में भी इन्हें कोई संकोच नहीं। मेरा भोला बच्चा गिल्लू ज़रूर डरकर पर्दों की तह में छिप जाता है।

जिस उम्र में गिल्लू बिस्किट भी दूध में भिगाकर खाता था, यह मैडम मज़े से बरसाती कीड़ों को पकड़ने एक पेड़ से दूसरे पेड़ बेहिचक छलाँगें लगाती देखी गई हैं। और तो और यह मोहतरमा तोतों से भी नहीं डरतीं। तोते जो अपनी शक्तिशाली चोंच मार, गिलहरी को भगा देते हैं। उन्हें ये मैडम अपनी स्पीड से हरा देती हैं। बसंती जी सोची- समझी रणनीति के तहत पीछे हटती हैं और काल की गति से अक्रामक तेवरों संग वापस आती हैं। तोते मियाँ सहम कर एक कोने में सिमटे दाना चुगने लगते हैं। इस दुनिया में भौकाल बनाए रखना बहुत ज़रूरी है। शायद यही वह गिल्लू को समझाती होगी। ख़ैर, गिल्लू तो गांधीवादी है। हिंसा और युद्ध का विचार भी मन में नहीं लाता। तोते क्या एक गौरैया भी आ जाए तो वह भागकर घर चला आता है।

माँ गिल्लू को बनिए का बैल कहती है। विक्रम कहते हैं कि तुम्हारे प्यार ने उसे भोंदू बना दिया है। सीधे लोगों की इस दुनिया में कोई कद्र ही नहीं। हाँ, चिंता तो होती है गिल्लू की कि छल-प्रपंचों से भरी दुनिया में कैसे अपनी जगह बनाएगा। बसंती, तुम उसका हाथ थामे रहना।

हम भले ही बसंती को देख गिल्लू के लिए दुखी होते लेकिन बसंती को गिल्लू रास आ गया था या 'कुछ तो बता ज़िंदगी' के चितवन की तरह ही उसकी निरीहता नाज़ुक दिल लड़कियों को

लुभाती थी। बसंती मुंडेर पर उसके पास आती और गिल्लू डरकर गमले के पीछे छिप जाता। कुछ दिनों में इतनी दोस्ती हुई कि दोनों साथ खाते दिख जाते किन्तु कोई आत्मीय संवाद न दिखता। इतना ज़रूर था कि अब बसंती हमारा मॉर्निंग अलार्म बन गई थी। गिल्लू के लिए बनाए गये लकड़ी के पुल पर खड़े होकर वह सुबह-सुबह मेरे कमरे के दरवाज़े की ओर मुँह करके गिल्लू को पुकारती। मैं गिल्लू को जगाती, बाहर छोड़ती। कुछ दिन बाद गिल्लू का पीछा करते हुए वह जाली के दरवाज़े तक आने लगी। एक दिन भीतर भी आ गई लेकिन घबराकर बाहर चली गई। सुज़ैन बड़ी गिलहरियों से लोहा लेने में भी तेज़ थी।

जब गिल्लू किसी दिन देरी से आता तो हम उससे पूछते- "सुज़ैन की मम्मी ने तुम्हें चाय पर बुलाया था क्या?" और वह 'हाय मैं शर्म से लाल हो गया' कहे बिना ही पर्दे पर चढ़ अपने आरामगृह में दुबक जाता।

फिर क़यामत का वह दिन भी आया जब गिल्लू रोज़ की तरह मेरे कन्धे से पेड़ के पुल पर कूद गया और मुंडेर की ओर बढ़ा। उससे पहले ही वहाँ बसंती पहुँच गई वह देर कर अशोक के पेड़ों में छिपा उसे देखता रहा फिर डरते-डरते झिझक के साथ आगे बढ़ा।

हम उसे देख सीन दर सीन फ़ोटो लेते रहे और कैप्शन देते रहे:

- *एक लड़की को देखा तो ऐसा लगा!*
- *जहाँ तू जाएगी वहीं चले आएँगे।*
- *कह दूँ तुम्हें या ना कहूँ?*

- *तुम्हारा नाम क्या है बसंती?*
- *सुज़ैन!*
- *माय सेल्फ गिल्लू नाम तो सुना ही होगा!*
- *विल यू मैरी मी?*

(उफ्फ इतना तेज़ मत भागो बच्चा)

- *यू आर फ्रेंडज़ोनड!*

इस बेइज़्ज़ती के बाद झेंपे हुए गिल्लू ने सुज़ैन से दूरी बनाकर ही रखी। वह बर्तन के एक ओर और गिल्लू दूसरी ओर। कभी आमना-सामना हो जाता तो वह उस दिन जल्दी ही घर लौट आता। हम कहते- आजा बेटू!

हम उसे और प्यार देकर उसका मनोबल बढ़ाते, पसंदीदा खाना देते और समझाते- तेरे सपनों की रानी कभी तो आएगी!

जब बच्चे गिल्लू को कॉर्न खिला रहे होते मैं कहती, "और मत देना आज के दो तो मैं खिला चुकी हूँ।"

"क्या आपने भी खिलाए?" शुभी इस रहस्योद्घाटन से चौंकती।

"क्या तुमने भी?" मैं सहम कर पूछती।

"मैंने भी।" दिवा नज़रें चुराए कहती।

"हे भगवान!" हम तीनों सिर पर हाथ रखते हुए कहते।

"और यह बदमाश खाता जाता है। बता नहीं सकता कि आज की ख़ुराक पूरी हो चुकी!"

मैं गिल्लू को हड़काती।

और ठीक इसी समय गिल्लू एक और कॉर्न ख़त्म कर, अगले के लालच में हमारी ओर बढ़ रहा होता।

***

विक्रम की आपत्ति इस बात पर रहती कि उसे अपने बर्तनों में खाना न दिया जाए। अलग बर्तन रखे जाएँ। मैं कहती साफ़ हो जाएँगे। उसके संग किसी प्रकार का भेदभाव हमें सुहाता नहीं था।

जब वह बाहर जाने लगा तब हमने ज़रूर चाहा कि वह बिस्तर पर न आए लेकिन तब तक वह हम पर निर्भर न रहा था। कोई न कोई जुगाड़ करके घूमता-फिरता हमारे बिस्तर पर कूद ही जाता। गिलहरियाँ लगातार ख़ुद को खुजलाती हैं। छोटे बग्स उनके ऊपर रहते हैं। पहले हम गिल्लू को छूने के बाद हर बार हाथ धोते थे लेकिन यह छूना दिन में इतना अधिक बार होता था कि हम पूरे दिन हाथ धोते ही रह जाते। फिर लगा कि खाने से पहले हाथ धो लें यही गनीमत होगी। कोई खाते-खाते अचानक रुक याद करने की कोशिश करता-

"क्या मैंने नीचे आकर हाथ धोए थे?"

अन्य लोग पूरे विश्वास के साथ कहते-"नहीं!"

वह कहता-"कोई नहीं गिल्लू ही को तो छुआ था।" और मुस्कराता हुआ वापस खाना खाने लगता।

उसे भी याद आ जाता कि हाथ धोए गये थे, अन्य भी बता देते कि चिंता मत करो ऊपर से ही धोकर आए थे।

(हाइजीन के लिहाज़ से दस्ताने पहन कर ही वन्य प्राणियों को छूना चाहिए और हाथ साबुन से भली-भाँति धोने चाहिए। अगर आपकी गिलहरी के बदन पर बग्स दिखें तो उन्हें छोटे कंघे या चिमटी से हटा दें। कुछ दवाइयाँ और मरहम भी चिकत्सक की सलाह से दी जा सकती हैं।)

***

इस माह तक गिल्लू का फर पहले से गहरा हो गया था। तोते द्वारा मारी गई चोंच का निशान भी बालों में छिप गया था। पूँछ भी बड़ी और भारी हो गई थी। हाथ में लेने पर वज़न महसूस होता था।

(एक दिन जब गिल्लू लौटा तो उसके सिर पर चोंच के प्रहार का निशान था। मन भावुक हो उठा था लेकिन यह ऐसा युद्ध था जहाँ हम उसकी कोई मदद नहीं कर सकते थे। अतिरिक्त स्नेह, अतिरिक्त प्रार्थनाएँ ही बस हमारे बस में थीं।)

***

गिल्लू के कारण घर की छिपकलियों को भी लगने लगा था कि वह भी इसी लाड़-दुलार की अधिकारी हैं। वे भी आस भरी नज़रों

से हमें ताकतीं। एक बार गिल्लू के छुप्पम-छुपाई के खेल में उसका पंजा पर्दे पर देख मैंने धप्पा बोला और फिर एक छिपकली और मेरी चीख साथ-साथ निकली। शुभी ने कहा, "आप ऐसे किसी को बॉडी शेम नहीं कर सकतीं। छिपकली आपको इसलिए लिजलिजी लगती है, क्योंकि उसके तन पर मँहगा फर नहीं है? आपका यह छद्म आभिजात्य छिपकली को कितनी मानसिक पीड़ा देता है।"

मैंने अपनी ग़लती स्वीकार ली। "सच कह रही हो। मेरी तो बरसों की मानसिक कंडीशनिंग है लेकिन तुम ज़रूर छिप्पो को वैसे ही पॉकेट में रखकर घुमा करो जैसे गिल्लू को रखती हो।"

यह बात दिवा को बहुत मज़ेदार लगी। "हाँ मम्मी इसकी जेब में रख ही दो आप एक छिपकली।"

पर छिप्पो रानी के गले में घन्टी कौन बाँधता। मैंने दिवा को समझाया कि छिप्पो रानी को पकड़ना मुश्किल ही नहीं नामुमकिन है। 56 देशों की पुलिस ने पकड़ना चाहा लेकिन वह हर बार पूँछ तोड़कर भाग निकली।

छिपकली को गिल्लू जैसा लाड़ भले ही न दे पाए किन्तु इतना ज़रूर है कि हम उनके प्रति हिंसक नहीं रहे। पहले छिपकली को देखते ही झाड़ू से उसे घर से बाहर दुत्कार दिया जाता था किंतु अब लगता था वह भी किसी की प्रिय संतान होगी। सड़क के कुत्ते, बंदर, गाय आदि सभी के चेहरों में एक निरीह मासूमियत दिखती। नारों से हो या न हो लेकिन जीव-जंतुओं के साथ से हृदय परिवर्तन संभव है। उन पालकों को अलग रखा जाए जो सोशल स्टेटस के

लिए **pet** रखते हैं। यहाँ मुझे नैंसी याद आती है जिसने हमारे बाग़ीचे की चारदीवारी लाँघ आठ बच्चे वहाँ दिए थे। जच्चा-बच्चा की देखभाल करते हमनें कई मित्रों से इन बच्चों को अपनाने का आग्रह किया। वे जिस तेज़ी से हाँ बोलते, उनकी नस्ल जानकर उतनी ही तेज़ी से इंकार कर देते।

कोतवाली की पार्किंग में एक मरियल-सा पपी दिवा को दिख गया। "इसे कुछ खिलाओ मम्मी।" वह रुआँसी-सी बोली।

"कुछ तो है नहीं पास में।" मैंने असमर्थता जताई, "ब्रेड खरीदकर दे सकते हैं पर आज दे देंगे कल क्या होगा?" मैंने व्यावहारिक होते हुए कहा। आख़िर कोई दुनिया भर के प्राणियों के दुख कैसे कम कर सकता है?

दिवा की आँखों में उतर आई क्षणिक चमक गायब हो गई। एक पल के लिए वह मायूस हुई फिर बोली- "कल हो सकता है कोई और ऐसे ही ब्रेड दे दे।"

इस छोटी बच्ची ने बड़ी सीख दी मुझे। ईश्वर जिस पल में हमें मदद के लिए चुने हमें पीछे नहीं हटना चाहिए। हमनें सबसे पहले ब्रेड ही खरीदी और वापस आकर पपी को दी। जल्द ही उसकी माँ भी वहाँ आ गई और हम माँ- बेटी आगे बढ़ गये।

यह देखना सुखद है कि गिल्लू के साथ से दिवा और शुभी में मासूम जीव-जंतुओं के लिए अनुराग ख़ूब गहराया। एक गर्मी छतरपुर जाते हुए ओरछा से गुज़रना हुआ। बुंदेलखंड के ये इलाके

गर्मियों में अपनी हरियाली पूरी तरह खो देते हैं। सूखे भूरे ठूंठ अवसाद जगाते हैं। सड़क के दोनों ओर बंदरों के भूखे समूह बैठे थे। हमारे पास कुछ ब्रेड थी वे उन्हें दे दी और सोचा कि लौटते पर इनके लिए चना या केला लेकर आएँगे। वापसी में यह बात ध्यान से उतर गई। इन बंदरों से पुनः सामना होने पर बड़ा अफ़सोस हुआ। लौटकर बच्चों को बताया तो उन्होंने इसरार किया कि अगले दिन किसी को ओरछा भेज उन्हें केले दिलवा दिए जाएँ। उस समय हमारा ड्राइवर रवि ओरछा से ही आता था। उसके जरिए बच्चों की यह माँग सरलता से पूरी कर दी गई।

मुझे लगता है इस दुनिया को संवेदनशील बनाने के लिए हर बच्चे को जीव- जंतुओं का सान्निध्य ज़रूर मिलना चाहिए लेकिन घर में राजाओं की तरह पाले गये कुत्ते-बिल्ली वाला नहीं। ऐसे में लोग अपने पालतू पशु के लिए इस कदर भावुक हो जाते हैं कि इंसानों पर गाली और गोली के प्रयोग से भी परहेज नहीं करते।

यह भी समझना ज़रूरी है कि जो हमारे लिए प्रेम है वह किसी अन्य के लिए भय भी हो सकता है। उसके इस भय पर क्रोध करना, उपहास उड़ाना उचित नहीं कहा जा सकता। ऐसी कितनी ही घटना मेरे ज़ेहन में घूम रही हैं जहाँ पालतू जानवर के कारण पड़ोसियों में गाली-गलौच हुआ, हाथा-पाई हुई, गोलियाँ चलीं और यहाँ तक कि पूरी योजना के तहत अपहरण तक हो गया। ऐसे समय में ये जानवर हमारे विषय में क्या सोचते होंगे? संभवतः कहते होंगे कि किन जाहिलों के बीच रहना पड़ रहा है।

दुष्टताओं के ऐसे विवरण जान लगता था कि कम लोगों से ही गिल्लू का संवाद हो। वह मनुष्यों पर विश्वास न ही करे तो बेहतर।

***

गिल्लू जब बाहर होता तो हमसे बात नहीं करता। अपने दोस्तों के बीच भाव खाता। मानो इंसानों से बात करना गिलहरी समुदाय में हेय दृष्टि से देखा जाता हो।

वापस आने पर वह जाली के दरवाज़े के नीचे से निकल, लकड़ी का दरवाज़ा रोकने के लिए लगी ईंट पर चढ़ता फिर कूद कर पर्दे पर चढ़ जाता। ईंट पर चढ़े पॉलिथीन से आवाज़ आ जाती और हम आँख के कोने से उस दिशा में देखते रहते। जैसे ही वह पर्दे के ऊपर पहुँचता। हम अंगूर या कॉर्न लेकर उसकी तरफ दौड़ते और वह उसी पर्दे पर बैठ उसे खा लेता। इस पर्दे पर लगे नग निकालना इन दिनों उसका प्रिय शग़ल बन गया था जिसके लिए वह रोज़ डाँट खाता था।

इसके बाद गर्मी कम होने पर दरवाज़ा पूरा खुला रहता। वह चोरों की तरह आने लगा कि हमें उसके आने की भनक न पड़े और हम भी उसे देखकर ऐसे अनदेखा करते रहते कि उसका भरम बना रहे फिर और कुछ समय बाद वह इस एटीट्यूड से आने लगा कि यह तो मेरा ही घर है बॉस, तुम इधर क्यों पड़े रहते हो। वह हमें देखकर भी अनदेखा करता और जब हम उसकी ओर बढ़ते तो तेज़ी से भाग कर पर्दे के ऊपर चला जाता या अपने घर में या पर्दे के रॉड पर बैठ जाता। हम आवाज़ देते। हमें भाव नहीं देता फिर

उचक कर देखता कि कुछ मन का है क्या खाने के लिए। कुछ उसे लुभाता तो नीचे आकर ले जाता। कई बार हम भी नाटक करते। कुछ न होने पर भी हाथ आगे बढ़ा देते जैसे अँगुलियों में कुछ पकड़ा है। वह आता और उँगलियाँ सूँघ कर चला जाता ।

मित्र पूछते कि बिना किसी निशान के, घर के बाहर हम उसे कैसे पहचानते हैं। सच यह है कि हम उसे नहीं वह हमें पहचानता है। हमें देखते ही उसकी देहभाषा बदल जाती है।

***

अब वह सुबह 7:30 बजे के क़रीब बाहर जाता और शाम को देरी से 5:30 या 6:30 बजे अंदर आता। कई बार हम उसे निहारते बाहर खड़े वीडियो बना रहे होते और यह महाशय हमें इग्नोर मार सीधे घर के अंदर चले जाते। जैसे-जैसे शाम गहराती हम एक -दूसरे को समझाने के बहाने खुद को समझाते कि उसकी असली दुनिया, असली ख़ुशियाँ बाहर ही हैं। वह ख़ुश रहे, इसी में हमारी खुशी है। एक मायूसी हम सब के साथ अंदर-बाहर चहलक़दमी करती रहती। एक आतुरता हर आहट पर चौंक उठती। हमें यह उत्सुकता भी बनी रहती कि आख़िर गिल्लू जाता कहाँ है? करता क्या है? वह लौट आता तो गिल्लू आ गया! मेरा बच्चा आ गया! का ऐसा शोर मचता जैसे चौदह बरस बाद अयोध्या में राम लौटे हों।

किसी-किसी दिन जल्दी आ जाता तो दोपहर में हम लोगों के साथ ख़ूब खेलता। उसके खेलने का वीडियो बनाकर विक्रम को दिखाया- “देखो कैसे खेलता है।”

"खेल कब रहा है? काट रहा है।"

"गिलहरी है। ऐसे काट-काट कर खेलता है। बॉल से कैच-कैच थोड़े न खेलेगा बेचारा।"

कभी-कभी किसी अन्य गिलहरी से लड़ाई होने पर या कोई बड़ा पंछी आज आने पर डरकर भी अंदर आ जाता। जिस दिन वह शाम को नहीं लौटा, हम पूरी रात उसका इंतज़ार करते रहे। सुबह वह बाहर दाना खाता हुआ मिला और दोपहर में अंदर आ गया। फिर अगले दिन बाहर निकला तो दो दिन बाद लौटा। इसके बाद गया तो बाहर का ही होकर रह गया। विक्रम बोले, "घर जमाई बन गया तुम्हारा गिल्लू। अब भूल जाओ उसे।"

"मुझे लगता है सुज़ैन ने भड़काया है उसे।" मैं टिपिकल लड़के की माँ वाली सोच से कहती।

***

यह सब कोविड के समय में घट रहा था और गिल्लू ने हमें अवसाद में जाने से बचाए रखा था। इस समय हम प्रकृति को बेहद क़रीब से जान पाए। पुराने कैंपस में किस समय किस स्पॉट पर मोर नाचता है। किस क्षेत्र में लंबी पूँछ और अति चंचल मन वाली झक्क सफ़ेद शाही बुलबुल इठलाती घूमती है। कौन-कौन से फूल शक्करखोरा को लुभाते हैं। नील गाय के बच्चे किन रास्तों से आते जाते हैं। हमारे घर के पीछे किस झाड़ी पर सांझ ढले पंछियों की महफिल जमती है और कौन- सी गुलाबी बेल किस मौसम समूची

छत को ढकती है। सब हमनें इसी समय में जाना। और यह भी कि चिड़ियों की चहचहाहट दोपहर में भी उतनी ही मोहक होती है जितनी सुबह। बस अपनी व्यस्तता में डूबे हम उसे सुन नहीं पाते हैं। एक बात और बताती चलूँ। गिल्लू, पंछियों, फूलों की तस्वीरें देख हर कोई मुझसे कहता कि आप कितनी सुंदर जगह रहती हैं। मैं बस मुस्करा कर रह जाती। सच यह कि यह जगह बिल्कुल ही मेरे मन की नहीं थी। हम तीन बार यहाँ आकर लौट गये थे। आर्थिक मजबूरी न होती तो मैं कभी यहाँ रहने नहीं आती। यह प्लॉट मेन रोड से तीसरी गली में है। गलियाँ बेहद संकरी हैं और ये संकरी गलियाँ अस्पतालों से अटी हुई हैं। मरीज़ों की भरमार है लेकिन उनके वाहनों के लिए पार्किंग नहीं। गाडियाँ ऐसी लापरवाही से खड़ी की जाती हैं कि पूरा रास्ता बंद हो जाता है। अस्पताल कंधे उचका देता है कि हम नहीं जानते किसकी है। आधा घंटे बाद वहीं से उस गाड़ी का ड्राइवर निकलता है। ये गाडियाँ, प्रधान, भारत सरकार, राजनैतिक पार्टियों के स्टीकर गर्व से लगाए हुए भी हो सकती हैं और आम नागरिक की भी। कई दफ़ा पैदल उतर कर जाना पड़ता है और उस समय अस्पतालों द्वारा फैलाई गंदगी और बदबू आँखों में आँसू ला देती है।

इस तमाम अव्यवस्थता के बीच यह एक चहचहाता हुआ कोना हमारी प्राणवायु है। इसे ही मैं साझा करती हूँ, इसी से आह्लादित रहती हूँ। सुबह की चाय विक्रम और मैं इसे ही निरखते हुए पीते हैं। जीवन सबका यूँ ही उलझा हुआ है बस उसमें कुछ फंदे अपने मनभाते पैटर्न के भी बुन डालिए।

5 सितम्बर, 2021

सुबह बिल्ली की आवाज़ सुन हमने चकित होकर एक-दूसरे को देखा। मैंने शिव को आवाज़ दी- "नीचे बिल्ली है क्या?"

"बिल्ली का बच्चा है।"

"हैं?"

अब क्या इसे भी मुझे ही पालना होगा के भाव से मैंने कहा।

"और माँ?" डरते हुए पूछा।

"पता नहीं कहाँ गई। यह तो रातभर मेरे साथ सोया है।"

"क्या?" मैंने आँखें बड़ी करते हुए विक्रम को देखा। इस मासूम घुसपैठ पर किसे न प्यार आ जाए।

"लाओ तो इसे ऊपर। दूध-ब्रेड खिला देते हैं।"

यह बिल्ली कम कमाल नहीं थी। राजसी प्रवृत्ति की थी। ज़मीन पर बैठना उसे भाता न था। वह आई और सीधे मेरी गोदी में बैठी। उसे दूध-ब्रेड दिया गया और खा-पीकर वह पुनः मेरी गोदी में। मेरी हालत ऐसी ही थी जैसी किसी अन्य के बिना डायपर वाले बच्चे

को गोद लेने पर होती है- कुछ कर न दे का भय बने रहने पर भी आप खिसयानी हँसी के साथ अले-ले-ले करते रहते हैं। उसकी माँ से मिलाने हेतु उसे नीचे छोड़ा गया। पुराने समय के तन्दरुस्त वाले टीवी के बॉक्स का घर और पुरानी चादर ज़रूर उसके नाम कर दी गईं। दिन के किसी समय वह अपनी माँ के साथ चला गया... बिना हमें बाय कहे। विदाओं में 'फिर मिलेंगे' की अनिवार्यता होनी चाहिए न!

उसके साथ के फ़ोटो फ़ेसबुक को इस कैप्शन के साथ सुपुर्द किए गये-

गिल्लू दो दिन बाद कुछ बड़ा होकर लौटा है। गिल्लू से ईर्ष्या रखने वाले कह रहे हैं कि यह तो बिल्ली है।

इस पर जीनस कंवर जी ने लिखा था- इसका भी नामकरण कर दीजिए।

मैंने उत्तर दिया था- गिल्लू नाम तो महादेवी जी के प्रेम में रख दिया था। नहीं तो मुझे इनोवेटिव नाम रखना पसन्द है। यह नहीं कि बिल्ली का नाम बिल्लू रख दिया बस। मैंने इसका नाम 'कैटी' रखा है।

उस समय भले ही हम कैटी पर अटके रहे लेकिन आगे इन इनोवेटिव नामों के प्रति हम सच ही सचेत हुए।

बिल्ली का एक और मज़ेदार किस्सा दिवाली की सफ़ाई के दौरान हुआ। बच्चों के पुराने कपड़े, खिलौने सब छत पर बने कमरे में रखे थे। छाँटकर हटा देने वाला सामान बाहर रख दिया गया। उपदेश अपने छोटे बच्चे के लिए खिलौने लेने आगे बढ़ा और तभी उस डिब्बे में से एक बिल्ली कूदकर भागी। इस आकस्मिकता ने सबको पल भर के लिए सहमा दिया। अब मेरी नज़र उस डिब्बे में रखे खिलौनों पर थी।

अनेक सॉफ्ट टॉयज के बीच एक पर मेरा मन मचल उठा। सोचा इसे रोक लूँ फिर जी कड़ा करते हुए कहा, "ले जाओ सब।"

ठीक उसी समय खिलौने ने आँख झपकी।

"अरे यह तो असली बच्चा है।" मैं चिल्लाई।

छोटे-छोटे गुलाबी पंजों वाला, काले-सफ़ेद फर वाला वह बच्चा ; ज्यों भगवान ने स्वयं नज़रबट्टू लगाकर भेजा हो।

वह सामान वहाँ वैसे ही छोड़ दिया गया और हम लोग भी सफ़ाई अभियान अधूरा छोड़ लौट आए ताकि माँ वापस बच्चे के पास आ सकें। उनके लिए रोटी आदि रखने के बावजूद दो दिन बाद वे दोनों किसी नई जगह चले गये और इस रूपवान बच्चे को गोद में लेने की चाह अधूरी ही रह गई।

23 सितम्बर , 2021

गिल्लू घर आया। सीधे अपने पर्दे पर चढ़ा। कुछ देर उस पर घूमा। हम उसके पीछे-पीछे घूमे और फिर बाहर चला गया। हम 'तुसी न जाओ जी', कहते रह गये। दिन का क्या है? गिल्लू के मिलने आ जाने से भी बन जाता है।

21 दिसंबर, 2021

दिवा को जन्मदिन की अग्रिम बधाई देने आया गिल्लू। आख़िर वह हमारा 'संाता' ही तो था! 'बाय' के बाद जाने देने की सबसे मुश्किल क्रिया निभाते समय खिड़की पर उसका वीडियो बनाया गया। *मेरा प्यारा बच्चा गिल्लू!* कैप्शन से पोस्ट हुआ।

8 जनवरी , 2022

एक छोटी गिलहरी बाहर दिखी थी। फ़ोटोशूट पर कैप्शन दिए गये। यह तय है कि वह गिल्लू नहीं था। वह अब बड़ा हो चला था पर वही लाड़ वही कॉर्न उसे दिए जाने लगे। बस वह हमारे हाथ से नहीं खाता था उसके पास नहीं जाया जा सकता था। दूर से देख उसे कैमरे में, मन में, स्मृतियों में सहेजा जा सकता था। गिल्लू बाहर दिखता तो वह ज़रूर हमारे पुकारने पर रुक जाता था हमारे हाथ से खाना खा लेता था। उसका आसपास बने रहना भी हमारे लिए बड़ा सुख था।

छोटा पैकेट बड़ा धमाका

सफ़ाई अभियान के तहत सीढियों पर लगी ब्लाइंड्स को साफ़ किया जा रहा था कि अचानक से दो नन्ही गिलहरी ऊपर से कूद गईं। एक टेरेस की ओर दौड़ गई और एक घर के भीतर स्टडी में चली गई।

“लो अब फँस गये। निकालो इसे, रवि।”

“ख़ुद निकल जाएगा, मैम।”

“हाँ पर हमें कैसे पता चलेगा कि निकला या नहीं। अंदर बंद रह गया तो दिक़्क़त हो जाएगी। अभी पकड़ कर इसी जगह छोड़ दो।”

अब बालक की ढूँढ मची। मोबाइल की रोशनी से तलाशा गया। वह किताबों की रैक के नीचे छिपा था।

“पकड़ लो रवि।”

रवि वैसे ही नतमस्तक बैठा रहा।

“पकड़ों! सोच क्या रहे हो?”

“मैम... काट लिया तो!”

“अरे हद करते हो। इत्तू-सा वो। छ फ़ीट के तुम। कैसे काटेगा।” मैंने बेतुका तर्क दिया।

"अच्छा रुमाल में लेकर बाहर छोड़ दो।"

रवि को एक रुमाल दिया गया। नवाब साहब की मुँह दिखाई को भीड़ जुट गई।

"कितना छोटा है।" मेरी स्नेहिल तरल दृष्टि उस पर बनी रही।

"छोड़ दो इसकी माँ के पास ही।"

और रवि खड़ा है। चेहरे पर पीड़ा तैर रही है।

"क्या हुआ?" मैंने पूछते हुए पुनः नवाब साहब को देखा जो अपने छोटे-छोटे दाँत रवि की उँगली में गड़ाए थे और चेहरे पर गुस्सा साफ़ झलक रहा था।

"हे भगवान काट रहा है ये तो! छोड़ दो, छोड़ दो।"

नवाब साहब ने इसे अपने लिए माना और दाँत हटा लिए लेकिन चेहरे के भाव वही 'डोंट मेस विथ मी' वाले।

"बाबा रे इतना गुस्सा! कह रहा है छोटा बच्चा जानकर ... छोड़ो भाई, इसे इसके घर में छोड़ो।"

"अच्छा रुको। आया ही है तो इसे दूध-बिस्किट दे दे।"

मैंने दूध-बिस्किट घोला और हाथ से ही उसे चटाने लगी। अब दाँत उसके और उँगली मेरी थी पर गिल्लू के कारण मैं इन अस्त्रों से अपनी रक्षा में निपुण हो चुकी थी। मैंने तुरंत हाथ हटा लिया और लक्ष्मण की तरह नाक पर गुस्सा रखने वाले इस बालक को बाहर छोड़ा। वह भागकर अपने घोंसले में चला गया।

***

खाद्य श्रृंखला

"हम अपने एक मित्र के फ़ॉर्म पर गये थे उनके पास एक बिल्ली थी जो प्रतिदिन गिलहरी मारती थी। इस जानकारी ने दिवा को बहुत विचलित किया। इसलिए भी कि ख़ूब सारी बिल्लियाँ पालना उसका सपना है। उसे अपनी प्रिय बिल्ली से ऐसी निर्ममता की अपेक्षा नहीं थी। ऐसा ही आघात मुझे बचपन में गौरैया को चींटी खाते हुए देखकर हुआ था और चकित तो मैं चिड़िया को तितली पकड़ता देख भी हो गई थी। इस तितली को पकड़ वह अपने बच्चों के लिए ले गई थी। उसका घोंसला हमारे आँगन में बना था।

मैं बस इतना ही संतोष कर सकी कि पकड़ी गई तितली, नीली तितली नहीं थी जो अचानक किसी दिन मेरे आस-पास मंडराती दिखती थी और उसके दिखने को जाने क्यों मैंने शुभ शगुन से जोड़ लिया था। ऐसा नहीं कि उसके दिखने से कोई आर्थिक लाभ या पुरस्कार मिल जाता था। बस एक 'डोपामिन बर्स्ट' (हैप्पी हार्मोन) होता और मन पूरे दिन बेबात ख़ुश रहता था। इन छोटी-छोटी आंतरिक प्रसन्नताओं और अवसादों ने ही संभवतः लोक को शगुन-अपशगुन की मान्यताओं से जोड़ा होगा।

इन नन्हे जीवों को यत्न से अपने बच्चों का पालन-पोषण करते देख अक्सर सोचती हूँ कि एक बार घोंसला छोड़ने के पश्चात इनमें से कोई भी अपने माता- पिता को सँभालने नहीं लौटेगा। यह मानव प्रजाति ही है जो अपने कर्तव्य निभाते हुए भी गुणा-भाग में उलझी रहती है।

***

कहानी अभी बाक़ी है

24 मार्च, 2022

यह एक आम-सी सुबह थी। प्रतिदिन की भाँति चाय पीते हुए गिलहरी और पंछियों को देखते हुए मैंने विक्रम से कहा था कि गिलहरी का एक और बच्चा मुझे चाहिए ही चाहिए। उसी दोपहर एक मृत माँ गिलहरी और उसके जीवित तीन बच्चों को भौंचक देखते हुए मैंने स्वीकारा कि ईश्वर से अपनी माँगों को लेकर हमें बेहद सतर्क होना चाहिए।

हर बच्चे की उचित देखभाल उनकी माँ ही कर सकती है और उस माँ से बिछड़ जाने के क्रम में यह हम तक पहुँचते हैं। गूगल से यह जान लेने पर कि पिता का बच्चों के पालन-पोषण में कोई योगदान नहीं होता इनका दायित्व हम पर आ गया था।

एलेक्स, जॉय और सेलिना में से जॉय नर था। जब ये हमें मिले इनकी आँखें भी नहीं खुली थीं। न इनके तन पर रोएँ थे और न झबरीली पूँछ। कपड़ों की कई परतों में इन्हें रखा जाता था और फीड देने के लिए उन परतों को हटाते मन में धुकधुकी लगी रहती थी। ये ऐसे निरीह और कोमल थे कि इन्हें देखते हुए आँखें भर आतीं और अनायास ही मन ईश्वर से इनके लिए प्रार्थना कर उठता।

ड्रॉपर से इन्हें दूध देना भी सरल नहीं है। फेफड़ों में चले जाने पर इन्हें ख़तरा हो सकता है। और किसी भी दिन यह मन बना लेते हैं कि आज हम भूख हड़ताल करेंगे आप ड्रॉपर लेकर बैठे रहते हैं और यह अपना मुँह नहीं खोलते। इनकी तरल मासूम नज़रें आपसे मनुहार करती हैं कि प्लीज़ हमारी हड़ताल असफल मत कीजिए। इन तीनों के आने तक दिवा के मन से भय जा चुका था। इन्हें पालने में दिवा का ख़ूब सहयोग रहा।

जॉय बेहद कम खाता था और एलेक्स खाती ही जाती थी। मैंने उसे तीन ड्रॉपर पिलाकर रखा और जॉय को लिया। दिवा ने एलेक्स को उठाया। मैंने कहा, "यह पी चुका।" वह बोली, "पर यह तो भूखा है। देखो पी रहा है।"

ऐसा 2-3 बार होने पर चिंता होने लगी। उसका पेट भी फूला हुआ लग रहा था।

जी हाँ, केवल कम खाने से ही आप परेशान नहीं होंगे यदि उन्होंने ज़्यादा खा लिया तो ब्लाटिंग हो जाएगी जो इनके लिए जानलेवा साबित हो सकती है। एलेक्स की ब्लाटिंग को देख उसकी चिंता होने लगी थी उसको गिन कर फीड देने लगे और गुनगुने पानी से मसाज आदि की गई। अंततः जब इन्होंने आँखें खोल दीं तब हम कुछ निश्चिन्त हो गये।

कोविड ने बड़ों को ही नहीं बच्चों को भी मानसिक रूप से बेहद प्रभावित किया था। शुभी के एग्जाम पास थे और वह परेशान न हो इसके लिए मुझे गाज़ियाबाद जाना ज़रूरी लग रहा था।

समस्या बच्चों की आ रही थी। विक्रम के पास न तो समय था और वह छूने में घबराते भी बहुत थे। मैंने सोचा इन्हें साथ ले जाती हूँ। रास्ते में रुककर खिला दूँगी। इसमें दो समस्या थी, एक तो एक बार खिलाने में आधा घण्टा लग जाता था। दूसरा वह हाथ से छूटकर कार में कहीं छिप गये तो समस्या हो सकती थी। गाज़ियाबाद में भी अगर ये इधर-उधर हो गये तो न वहाँ कोई मदद मिल सकती थी और नया परिवेश इनकी महक से पूर्णतः अजनबी होने के कारण घातक हो सकता था। दिवा ने हमेशा की तरह मुझे सहारा दिया। संतोष और दिवा को बच्चे सौंप मैं गाज़ियाबाद गई। दिवा ने बच्चों को सँभाला। दिवा को सँभालने उसकी दादी आईं।

दिवा स्कूल भी जाती और इन बच्चों को भी सँभालती। वह शिकायत करती कि पापा साथ भी नहीं बैठते, अख़बार पढ़ते रहते हैं। दादी तो उन्हें छूने से डरती ही थीं। संतोष और शिव से ज़रूर मदद मिल जाती।

इसके कुछ दिन बाद हमने एलेक्स को खो दिया। जॉय और सेलेना ने इस बात को कितना समझा नहीं कह सकते लेकिन शुभी और दिवा को समझाना सरल नहीं था। मैं बाज़ार में थी जब विक्रम का फ़ोन आया कि दिवा बहुत रो रही है। उसे समझा दो।

दिवा को समझाने से पहले मुझे ख़ुद को समझाने के लिए समय चाहिए था इस सत्य के बावजूद कि इन बच्चों के मिलने के बाद से ही मैं लगातार स्वयं को ऐसी किसी ख़बर के लिए तैयार कर रही थी।

दिवा के रोने की आवाज़ आ रही थी। मैंने क्या समझाया उसने क्या समझा कुछ याद नहीं। फ़ोन रखा। रखते ही दुबारा मिलाया कि शुभी को मत बताना पर फ़ोन नहीं मिला। घर पहुँची तो शुभी रोती हुई मिली, "आप क्यों आईं यहाँ? आपको वहाँ बच्चों के पास रहना था।"

"जिस बच्चे को सबसे ज़्यादा ज़रूरत थी उसके पास हूँ बेटा। वह बीमार थी। पहले से ही। समझो इस बात को।"

हरसिंगार ने टूटू के साथ एलेक्स को भी सहेज लिया। शेष दिन गाज़ियाबाद में कुछ उदासी में ही बीते, बाक़ी दोनों बच्चों की भी चिंता बनी रही। शुभी के इसरार पर मैं कुछ दिन पहले ही वापस लौट आई। गिल्लू पूरे घर में घूमता था और बेहद शरीफ़ भी था लेकिन यह दो थे और बिगड़ैल भी। इनकी सुरक्षा के लिहाज़ से इनके लिए एक बड़ा घर बनवाया गया लेकिन जब वह आया तो उसके तार ब्लेड जैसे धारदार पाए गये। राघवेन्द्र को भेजकर पिंजरा मंगवाया गया ताकि ये पैरों के नीचे न आएँ और हमारे पर्दे भी साबुत बच जाएँ। उसके बाहर दुप्पटा बाँध दिया ताकि यह आराम से चढ़ उतर सकें। अब इन्हें पिंजरे से ही प्रेम हो गया। इन्हें टेरेस पर छोड़ते तो यह भागकर पिंजरे में घुस जाते। हारकर पिंजरे सहित ही हम इन्हें बाहर की आब-ओ-हवा से परिचित होने छोड़ देते। पिंजरे के ऊपर बड़ी गिलहरी घूमती। इनका हाल-चाल पूछ जाती। हमें लगा संभवतः उनकी माँ हो पर उसका आकर्षण पिंजरे के भीतर रखा खाने का सामान होता। इनके लिए रखे गये दूध-बिस्किट को खाने अन्य चिड़िया आतीं, जिनमें कौवा-बुलबुल आदि सभी शामिल थे।

सेलिना अख़बार पढ़कर ख़बरों से डरी हुई रहती। अधिक एडवेंचरस और तेज़ दिमाग की होने पर भी अपने घर के प्रति मोह रखती। उसके दिमाग में घर के भीतर रहने की बात चलती रहती थी। उसे खाना देने के लिए भी बाहर निकालो तो वह वापस घर में घुस जाती। हारकर उनका घर वहाँ से हटा देने पर ही हम उसे कुछ खिला पाते। इसके विपरीत जॉय अपने लचीले शरीर का पूरा इस्तेमाल एक हथियार की तरह हमें परास्त करने में करता और जूजूजूजू की धुन पर ब्रेक डांस जैसा कुछ करके ऊपर नीचे हो जाता और जल्द ही मुँह की जगह उसकी पूँछ हम ड्रॉपर के सामने पाते।

इन बच्चों ने हमें कभी नहीं अपनाया। यह कई दफ़ा बड़ा निराश भी करता था। विक्रम कहते उन्हें अपना जीवन जीने दो बस पर मुझे चिंता होती कि क्या ये हमारे पास ख़ुश नहीं हैं? जॉय को सेलिना के सान्निध्य में सुरक्षा महसूस होती। वह दिखती भी उससे बड़ी थी। जॉय हमारे हाथ आ जाता। उसे अपने हाथों से खाना खिला पाते लेकिन सेलिना अपने घर से किसी तरह भी बाहर नहीं आना चाहती थी। उसके मन के विपरीत जाने की जगह हम उसे उसके कंफर्ट ज़ोन में रखते हुए घर के अंदर ही ड्रॉपर से दूध आदि देने लगे। केवल उसे पोंछने के लिए ही बाहर निकालते और वह तुरंत ही मौका पाकर वापस घर के भीतर भागने के फिराक में रहती। गिल्लू की तरह यह टेरेस पर घूमते नहीं थे सो पिंजरे के अंदर पेड़ की छोटी टहनियाँ लगाई गईं ताकि बच्चों का व्यायाम भी हो सके।

18 अप्रैल, 2022

हमसे दूरी रखने के बावजूद वे हमें पहचानते तो थे ही और बात भी समझते थे। मुझे छोटी शुभी याद आती। उससे मैं कभी कहती कि शुभी तुम बात नहीं सुनती हो तो उसका उत्तर होता, "सुनती तो हूँ मानती नहीं हूँ।" यही हाल इन बच्चों का था। बात सुनते हैं यह तब पता चला जब जॉय दुपट्टे की भूल भुलैया में उलझ गया और फिर मेरे निर्देशों का पालन करके निकल आया।

- जॉय, इधर से आओ। उधर से रास्ता नहीं है बेटू।

- इधर आओ। वेरी गुड। यू कैन डू इट।

वह मेरा हाथ सूँघने लगा।

- आओ। मैं छोड़ दूँगी घर में।

- आ गया मेरा बेटा।

उसे अंदर छोड़ने लगी तो सेलिना भी मेरे हाथ पर आ गई। जॉय को सूँघा और तब दोनों अंदर चले गये।

मैंने दर्प से कहा, "मैं गूगल मैप से बेहतर हूँ।" विक्रम ने क्या कहा होगा आप समझ ही सकते हैं।

"गिलहरी के बच्चे मेरा कहना मान लेते हैं, बस मेरे और मेरी सासू माँ के बच्चों के अलग नख़रे हैं।" मैंने अफ़सोस जताया।

समय के साथ सेलिना ने हमसे थोड़ी-थोड़ी दोस्ती की पर वह बेहद सतर्क रहती थी। जॉय बहुत भोला बना रहता लेकिन आगे सिद्ध हुआ कि वह हिंदी फ़िल्मों के पुराने हीरो जैसा मूर्ख नहीं था जो अपनी ऊर्जा अनावश्यक विरोध में लगा दे बल्कि वह अपनी मुक्ति के लिए उचित मौके की प्रतीक्षा में रहता था।

इन बच्चों को भी गिल्लू जैसी ही ट्रेनिंग दी गई थी। सोफ़े पर सेलिना चढ़ जाती, पलट कर लौटती भी। जॉय धीमा साबित होता। वह सेलिना के पीछे-पीछे जाता और उसके ऊपर चढ़कर बैठ जाता या लुढ़कता हुआ नीचे आ जाता। सेलिना उसके संरक्षक की भूमिका में आ गई थी।

24 अप्रैल, 2022

रात को बच्चों में शैतानी ताकत कहाँ से आ जाती हैं? दिनभर हमें इग्नोर कर, रात को दोनों दिवा के साथ ख़ूब खेलते। उसके पीछे-पीछे मेज़ के चारों ओर भागते। कभी-कभी जॉय और सेलिना अलग-अलग दिशा से आ, दिवा के ऊपर चढ़ जाते। दिवा कहती, "यह तो चीटिंग पर उतर आए हैं मम्मी।"

मैं कहती, "इश्क और जंग में सब जायज़ है।"

***

जॉय और सेलिना में सेलिना अधिक समझदार और हमसे बिल्कुल मोह न रखने वाली प्रतीत होती लेकिन वह अपना खाना ठीक से खा लेती। जॉय, मेरे शब्दों में गिल्लू की तरह सीधा और विक्रम के शब्दों में भोंदू दिखता। हालाँकि दो होने से इनकी शैतानी ताकतें कई गुना बढ़ जातीं। गिल्लू पर्दे पर बैठता था लेकिन बुलाने से नीचे आ जाता था, यह दोनों शैतान जो एक बार पर्दे पर चढ़कर बैठ गये तो कॉर्न, बिस्किट कोई प्रलोभन काम नहीं करता और स्वयं भी खाने के लिए नीचे नहीं उतरते। इन्हें उतार कर 'डाइनिंग टेबल' तक ले जाने में पूरे स्टाफ के पसीने छूट जाते और अपने छोटे-छोटे

दाँतों के प्रयोग में इन्हें कोई संकोच न होता, जिसका भय सबके दिल में गहरा बैठ गया था। वे कहते, "मैम इन्हें खुला मत छोड़िए।" लेकिन दो नन्हें बच्चों को क़ैद में रख उन्हें मायूस बैठे देखने के लिए बहुत कड़ा दिल चाहिए। बच्चे स्वछंद घूमते।

उन्हें एक-दूसरे से छीनकर खाने में बहुत आनंद आता। ऐसे समय में अपने सगे भाई पर हथियार उठाने के लिए उन्हें कृष्ण की ज़रूरत ही न पड़ती। बिना गीता ज्ञान के वे दोनों अपने नैसर्गिक अधिकार भोजन के युद्ध में शामिल हो जाते। वह भी केवल 5 गांव नहीं पूरे के पूरे प्रांत के लिए। और कुछ समय पश्चात पुनः एक-दूसरे से चिपक एक-दूसरे को चाटकर स्वछता आंदोलन में सहयोग करते पाए जाते।

यह आंदोलन बेहद आवश्यक भी था क्योंकि दूध-बिस्किट खाते यह अपने खाने के ऊपर ही बैठ जाते हैं और दूध-बिस्किट लगे हुए अपने हाथ-पैर-मुँह और पूँछ लिए भागकर आपके ऊपर चढ़ जाते हैं। जितना खाना ये खाते नहीं उससे अधिक आपके कपड़ों और हाथों पर लग जाता है। इन्हें खुले में अकेले छोड़ने में नेवले,बिल्ली आदि का ख़तरा रहता है। इनकी बेबीसिटिंग करते हुए आप अख़बार नहीं पढ़ सकते, क्योंकि ये चलना सीख चुके होते हैं।

बाहर छोड़ने पर यह दोनों खिड़की पर चढ़ उसकी जाली में हाथ-पैर फँसा घँटों लटके रहते। मानो 'कोई मिल गया' के जादू

की तरह धूप से ऊर्जा ले रहे हों। एक अंग्रेज़ी मूवी भी याद आती है जिसमें बच्चा प्ले ग्राउंड में झूलों पर उल्टा लटका रहता था। कुछ ऐसा ही सीक्रेट टोटका ये दोनों भी आजमाते रहते।

इस बीच दो दिन के लिए हमें बाहर जाना पड़ा और चार बॉडीगार्ड की सुरक्षा में बच्चों को छोड़ दिया गया। फ़ोन पर ख़ैरियत लेते रहे। कहा कि बच्चों को खुली हवा में ज़रूर घूमने देना। जिसपर वे सब चुप रहे। विक्रम ने कहा कि बच्चे उदास हैं सुबह पाँच बजे निकलना होगा। मैंने कहा उदास तो होंगे ही आपका स्टाफ उन्हें क़ैद जो किए है। बच्चों की आज़ादी की लड़ाई लड़ने अगली सुबह बिना किसी नख़रे के सब जल्दी उठ गये।

घर आते ही उन्हें मुक्त कर दिया गया और वह मचान पर चढ़कर बैठ गये। अगली सुबह टेरेस पर उन्हें छोड़ दिया गया। छोड़ते ही जॉय तेज़ी से सीढ़ियों की ओर भागा। मैंने अक्षय को पुकारा, "नीचे देखना! जॉय सीढियों की ओर आ रहा है।" संतरी अक्षय ने अपनी पोजीशन सँभाल ली। जॉय अधिकतर इस दिशा में भागता था और वहाँ रखे शू कैबिनेट के नीचे या पीछे मिल जाता था। लेकिन आज वह न सीढ़ियों पर दिखा, न नीचे उतरा, न कैबिनेट के पीछे मिला और न ही घर के अंदर। फिर शेरलॉक होम्स की तरह जॉय का पूरा प्लान समझने का प्रयास किया और निष्कर्ष निकाला कि वह ज़रूर सीधा घर के अंदर ही आया होगा और दरवाज़े की सीध में रखें डस्टबिन के पीछे से जॉय भाई साहब बरामद कर लिए गये। यह छुप्पम-छुपाई का खेल खेलने में पिद्दू-सा जॉय माहिर हो गया था। घर के भीतर भी कोने-कुचालों में,

केबिनेट के अंधेरे तलघर में, घुसना उसका प्रिय शग़ल था। जब उसे वहाँ से बाहर निकाला जाता तो वह धूल में सना हुआ, जालों में लिपटा हुआ निकलता।

मैं सुनील पर चिल्लाई कि कैसी सफ़ाई करते हो? जॉय अलमारी के नीचे घुस गया तो इतना गन्दा होकर निकला।

"अच्छे से किया करो। जॉय निरीक्षण करता है तुम्हारे काम का!" अक्षय ने धीमे शरारती स्वर में सुनील से कहा।

जॉय को पोंछते हुए मैं मुस्करा उठी।

"इंस्पेक्टर साहब, इतनी शिद्दत से काम करने की भी ज़रूरत नहीं है।" जॉय के कान में हौले-से कहा।

उसने मुँह घुमा कर जताया कि वह कर्तव्य पथ से डिगने वाला नहीं है।

एक विशेष बात इन बच्चों को पालते हुए हमनें जानी। इनमें भी कैल्शियम की कमी हो सकती है। ऐसे समय में उनके भोजन में कैल्शियम ड्रॉप मिलाना ज़रूरी है। दूसरा ये खाना खाते हुए कई दफ़ा चोक होने लगते हैं। इनका सिर सहलाने से ठीक हो जाते हैं। हम एहतियात के तौर पर इनका दूध-बिस्किट थोड़ा पतला रखना उचित समझते थे और बीच- बीच में ड्रॉपर से पानी या पतला दूध पिलाते रहते।

***

उस दिन जॉय ने खिड़की पर टँग योगा करने के स्थान पर एथलीट होना चुना। जॉय की पूरी तरह मूँछें भी नहीं आई थीं जब उसने एक लंबी छलाँग मारी और वह पेड़ पर कूद गया। इस समय तक वे रोटी, ब्रेड, बाजरा कुछ नहीं खाते थे। इसलिए उनके बचे रहने की चिंता थी लेकिन सेलिना को भी इस आस में उसके पीछे छोड़ दिया गया कि दोनों भाई- बहन के होने से उनका साहस बना रहेगा।

अब पता चला कि यह जॉय की पहली छलाँग नहीं थीं। हमारे निकलते ही बच्चे भी यात्रा पर निकल लिए थे। पहले जॉय भागा और पूरा स्टाफ उसके पीछे भागा। वह दो गली पार एक बाग़ीचे में घुस गया। हमारे स्टाफ ने वहाँ के स्टाफ को बताया कि हमारा बच्चा आपके यहाँ आ गया है। उन्हें समझने में किंचित समय लगा कि यह 'हमारा बच्चा' एक गिलहरी का बच्चा है। फिर उन चार स्त्रियों और इन चार पुरुषों को 'बराबरी' के सिद्धान्त का प्रतिपादन करते हुए बच्चे ने पूरे बाग़ीचे में कोई आधा घन्टा दौड़ाया। खेल के पूरे मज़े लेने के बाद नन्हे महाराज एक पर्दे पर आराम फरमाने लगे और सरलता से पकड़ में आ गये। लौटने पर सेलिना को भी लगा कि

why should boys have all the fun?

और वह भी दौड़ चली। वह दूसरी दिशा में दौड़ी पर घर के मोह में अधिक दूर नहीं गईं। थके-हारे सैनिकों ने उन्हें हमारे लौटने तक, शेष बचे दिनों के लिए क़ैद की सजा सुना दी। (और हमेशा की तरह विक्रम को इसकी पहले ही ख़बर थी। सैयाँ झूठों का बड़ा सरताज निकला गाना अकारण ही मेरा पसंदीदा नहीं है।)

सेलिना बालकनी में घूमती, खाना खाती दिखती रही लेकिन जॉय लापता रहा। शाम को सेलिना वापस आ गई लेकिन जॉय हीरो बनने की चाह लिए 'गिलीवुड' निकल गया। इस शाम सेलिना बहुत उदास रही और उसने हमें विशेषकर दिवा को एक पल के लिऐ भी नहीं छोड़ा जिस कमरे में भी हम जाते वह पीछे-पीछे चली आती और दिवा की गोदी में बैठ जाती। एक महीन-सी निराशा भी होती कि मुझसे अधिक प्रेम ये बच्चे दिवा को करते हैं और यह तसल्ली भी कि दायित्व पूरा मेरे ऊपर नहीं है। जॉय को मिस करते हुए वह उसकी ख़ुशबू सूँघती और अपनी आवाज़ में संभवतः उसे पुकारती। उसका जॉय की ओर से ध्यान बाँटने के प्रयासों में रुई कारगर साबित हुई और रुई के गोले ले जाकर वह पर्दों में अपना घर बनाने लगी। उदास हम भी थे कि जीवन में जॉय की तरह ही जॉय का साथ क्षणिक साबित हुआ। सम्भवतः उसका नाम अवसाद या डिप्रेशन रखने पर वह सदा साथ रहता। मन चाह रहा था कि बस उसकी कुशलता की ख़बर मिल जाए। फिर चाहे जिस बाग़ीचे में रहे। सोचा अगले दिन उसी बाग़ीचे में 'संवादिया' भेजकर देखें।

सुबह सेलिना कुछ झिझक के साथ बाहर निकली। उसे कहा कि पगले जॉय को ढूँढना। उन दिनों पौधों को छाया देने के लिए बालकनी से ग्राउंड फ़्लोर तक हरी चादर बँधी हुई थी। सेलिना इसी से उतरती थी। शुरू में हम उस चादर को खींच उसे वापस ले लेते थे पर जॉय की बगावत के बाद उसे भी कह दिया गया कि जा जी ले अपनी ज़िंदगी!

शाम बालकनी के एक गमले में सेलिना बैठी मिली। 'लौट आई सेलिना' कहते हुए उसे उठाया तो पाया कि यह जॉय है।

गिलीवुड में कोई काम न मिलने पर जॉय लौट आया या सेलिना उसे समझा-बुझाकर वापस लाने में कामयाब हो गई। इतना ज़रूर कि वह धूल-धूसरित होकर लौटा। शायद मैंने प्यार किया के सलमान की तरह कहीं मजूरी करके हाथ-पैर काले करके। उसकी नाक भी ज़ख़्मी थी।

सेलिना पहले ही घर में बैठी हुई मिली और दोनों का भरत-मिलाप करा दिया गया। बच्चे अभी खाने में कमज़ोर हैं पर अपनी टेरिटरी एक्स्प्लोर करते इस दुनिया में सर्वाइवल के लिए मज़बूत होते जाएँगे। मन में डर था कि कल सुबह बाहर छोड़ने पर दोनों वापस आएँगे या नहीं किंतु आशंका को निरस्त कर दोनों लौट आए। यह अच्छा भी रहा क्योंकि जॉय को नाक के लिए उपचार दिया जा सका।

27 अप्रैल, 2022

हमारे खिलाफ़ एक हो जाने वाले भाई-बहन के बीच फूट डालने का काम कॉर्न का था। कॉर्न के लिए लड़ते हुए एक-दूसरे के मुँह नोचने, धक्का-मुक्की करने में कोई पीछे न रहता। मैं चिल्लाती

रह जाती कि खाने के पीछे लडो मत। दोनों अलग-अलग ले लो लेकिन वह बचपन ही क्या जो चोटों के कुछ निशान और बावलेपन की कुछ स्मृतियाँ न दे जाए।

3 मई, 2022

इन्हें पिंजरे में ही खाना देना अधिक सहज था। बाहर निकलते ही वह पर्दे पर चढ़ जाते और खाना खाने भी नहीं उतरते। गौरैया के घोंसले के लिए हमने कुछ बर्ड हाउस बनवाए थे। एक मेज़ पर रख दिया गया, रुई लगाकर, ताकि बच्चों के चढ़ने-उतरने की एक्सरसाइज होती रहे। खाना ढूँढने की कला सीख सकें। जल्द ही दिलचस्प नाटक शुरू हो गया। सेलिना घर से रुई ले जाकर पर्दों की वर्टिकल प्लेट्स के बीच में उसे फँसाने लगी। स्थायित्व की दृष्टि से यह निहायत ही मूर्खतापूर्ण विचार था। सबसे मज़ेदार यह कि जॉय उसके घर से रूई निकालकर अपना अलग घर बना रहा था। बेचारी सेलिना! बड़ी देर मेहनत करती रही।

***

बहुत दिनों बाद ज़रूरी काम से बाज़ार के लिए निकली थी। एक स्त्री के लिए छोटी-छोटी स्वतंत्रता भी कैसी दुर्लभ होती हैं! लम्बे समय बाद स्वयं को समय देती मैं प्रफुल्लित थी। अपने लंबित

कामों की लिस्ट निपटाती हुई दूसरी दुकान पर ही पहुँची थी जब विक्रम का फ़ोन आया कि जॉय ने दिवा को काट लिया है और वह अब मिल भी नहीं रहा है। तुम तुरंत लौट आओ।

मुझे समझ नहीं आया कि किस बच्चे के लिए अधिक चिंतित होना है। दिवा को फ़ोन मिलाया। पूछा-"ख़ून तो नहीं निकला?"

वह बोली-"नहीं!"

रेस्क्यू ऑपरेशन के लिए अक्षय को फ़ोन किया कि एक ओर से ढूँढना शुरू करे। एक-एक चीज़ देखना। अंततः जॉय सोफ़े के पीछे बैठा मिला।

"यह हमारा विश्वास ही नहीं करते तो इन्हें बाहर छोड़ देना सही नहीं होगा क्या? ज़्यादा ख़ुश रहें शायद!" मैंने विक्रम से कहा।

"लेकिन ये लौटकर भी तो ख़ुद ही आते हैं, मना कैसे करें?" दिवा ने प्रतिप्रश्न किया।

मैं 'हम्म!' से अधिक कुछ न कह सकी। गिल्लू ज़रूर याद आया। उसके संग लगाव एकतरफा नहीं रहा कभी।

6 मई, 2022

जॉय के बार-बार भागने से हम समझ गये थे कि उसकी मंशा हीरो बनने की है। यह कोई 20वीं शताब्दी तो थी नहीं कि चप्पल से ऐसा भूत बच्चों के सिर से उतार दिया जाए। 21वीं शताब्दी के डरे हुए माता-पिता की तरह जॉय को एक्सप्लोरेशन के भरपूर अवसर देते हुए हम उसके सपनों को पूरा करने में सहयोग करने लगे। उसका प्रोफेशनल फ़ोटो शूट कराया ताकि वह पोर्टफोलियो तैयार करके धर्मा प्रोडक्शन में भेज सके लेकिन फ़ोटो सेशन के बाद वह भड़क गया और चिल्लाने लगा। नेपोटिज्म के अलावा हमें और कुछ समझ नहीं आया।

***

रोज़ सुबह जॉय और सेलिना को टेरिस पर गमलों में छोड़ा जाता और कई मर्तबा वे दोनों साथ-साथ अपना मुँह साफ़ करते और किसी किसी पल पर हाथ जोड़ सूर्य नमस्कार करते हुए प्रतीत होते। टेरेस पर रखे दीवान पर बर्ड हाउस बाजरे का दाना-पानी, फल-रोटी आदि रखे जाते ताकि सीमित स्थान में उन्हें सँभाला जा सके और वे पिंजरे के बाहर कुछ वर्जिश भी कर सकें।

17 मई, 2022

एक और एक ग्यारह नहीं खुरापाती होते हैं। गिल्लू कैसा मासूम था। ये भाई-बहन तो तौबा-तौबा!

जब से ये टोकरी से बाहर निकल कर पर्दे रूपी पेड़ों पर चढ़े, इनके पर निकल आए। ऊपर बैठे जाने क्या मिसकोट(नानी का पसंदीदा शब्द) करते, और इन्हें सुबह बाहर छोड़ने के लिए, खाना खिलाने के लिए, नीचे लाने के सब प्रयास व्यर्थ जाते। हम कॉर्न लिए बेटू! बेटू! चिल्लाते, यह उकताई नज़र नीचे डाल ऐसे ही हमें इग्नोर कर देते जैसे बड़का लेखक लोग, छोटका लेखकों के लिखे को कर देते हैं।

अंततः दो पर्दे खिड़की के बाहर लगाए गये और इन्हें उन पर छोड़ा गया कि ये अपनी मर्ज़ी से पेड़ों पर आ-जा सकें। सेलिना सुबह जाकर शाम 5 बजे वापस आती लेकिन जॉय ने अन्ना हजारे बन भूख हड़ताल कर दी। इस घर निकाले को उसने दिल से लगा लिया और खिड़की पर सुबह से शाम तक बाई करवट पड़ा रहा। चलती लू में बाहर जाकर उसके लिए बार-बार खाना-पानी रखा जाता लेकिन सब प्रयास असफल। शाम सेलिना के लौटने पर जब उसे दूध-बिस्किट दिया गया तब ही जॉय धीरे-धीरे अपना अहम त्यागते हुए मंथर गति से आगे बढ़, शादी में पूर्णतः उपेक्षित फूफा जी की तरह ख़ुद ही भोज में शामिल हो गया। अगले दिन बढ़ती

गर्मी से घबरा कर सेलिना भी सुबह दस बजे ही वापस आ गई और चढ़ाए गये छप्पन भोग को दोनों ने छुआ भी नहीं। भरी गर्मी में बार-बार बाहर जा हमारी हालत भी पस्त हो गई तब खिड़की को खोल, एक खिड़की वार्ता आयोजित की गई और खुले बार्डर का लाभ उठाकर दोनों साधिकार भीतर दाख़िल हो गये और सफ़ेद पर्दों का नया प्ले ग्राउंड देख ख़ुशी में ख़ूब दौड़े।

अब ये बच्चे मेरे कमरे में रहते थे। वह भी ठीक ए.सी. के नीचे, पर्दे पर! उनके कारण ए.सी. बंद रखना पड़ता। ऐसा भी लगता कि शायद इन्हें ठंडक पसंद है। इस साल गर्मी ही कुछ विकट थी।

चूँकि यह बाहर नहीं जाते थे, इनका कुछ व्यायाम हो सके, खान-पान हो सके, इसकी पूरी व्यवस्था मेरे कमरे में डे बेड पर की गई। पुरानी चादर बिछा उस पर तरह-तरह के पकवान रखे गये लकड़ी के घर रखे गये। जॉय और सेलिना का पर्सनल मुगल गार्डन तैयार था, जहाँ वे निस्संकोच विचरते।

इन बच्चों ने उस तरह नहीं खेला, न हमारी उँगलियाँ काटी। उनका प्रिय खेल रेस लगाना ही रहा। सेलिना अधिकतर जीत जाती। जॉय तो विसिल बजने पर बैठा ही रहता! ज़ब सेलिना फिनिशिंग लाइन छूने वाली होती तब वह दौड़ना शुरू करता। इस बार पलंग पर पुरानी चादर ज़रूर बिछाई गई ताकि उस पर बिस्किट के पाँव न छपे। इसे रात को बदला जाता और अपने कपड़ों को भी।

सब सही चल रहा था। जॉय घर पर ही रहता सेलिना फेमिनिज़्म की शिकार हुई काम पर जाती और लौट आती कि कहानी में यह नया ट्विस्ट आ गया...

उस दिन दिवा और विक्रम संडे आउटिंग पर गये थे। मैं घर पर अकेली थी। कुछ आवाज़ों ने ध्यान खींचा। आवाज़ के स्रोत के लिए उठी तो दोनों बच्चे पर्दे के पीछे से निकल कर भाग गये। अब मैंने ध्यान दिया कि दोनों शैतान वॉलपेपर कुतर रहे थे। मेरे वहाँ खड़े रहते भी दोनों लौट-लौट कर उसे काटने का प्रयास करते रहे। यह वही वॉल पेपर था जिसे दिवाली की एक रात पहले दो बजे तक जागकर मैंने बड़े मन से लगवाया था।

"यह क्या किया है?" मैंने पूछा। दोनों इधर- उधर भाग गये।

"इधर तो आओ ज़रा! किसने किया है यह? तुमने?" मेरी ओर आता हुआ जॉय तेज़ी से वापस भाग गया।

"इधर आओ! छिपने से कोई फायदा नहीं होगा। ऊपर जाकर बैठने से बच जाओगे क्या? आओ ज़रा।"

लेकिन दोनों चिकने घड़े। कोई असर नहीं डाँट का। मुझे चकमा देकर फिर से वॉलपेपर काटने की जुगाड़ में थे।

समस्या यह थी कि 2 दिन बाद दिवा और मुझे गाज़ियाबाद जाना था और विक्रम के डिस्पेंसरी जाने के बाद अकेले घर में इन दोनों ने आतंक मचा देना था।

मैंने विक्रम को फ़ोन किया।

"कोई बात नहीं। काटने दो। एक और शीट रखी है उसे लगवा देंगे।"

"अरे! ऐसे कैसे काटने दें!" मैंने हैरान होते हुए कहा।

"इतने शरीफ़ भी नहीं हैं कि एक ही जगह काटेंगे। ये तो , पर्दे कुछ भी काटेंगे।"

"अब क्या करें?"

"कुछ तो करना होगा। परसों हमें जाना भी है। इन्हें बाहर पर्दे पर छोड़ना होगा।"

"ऐसा मत करो।"

"छोड़कर देखते हैं। अभी तो मैं हूँ। बाहर परेशान हुए तो आगे सोचेंगे।"

विक्रम के विरोध के बावजूद अगले दिन दोनों को देश निकाला दिया गया। दोनों अपराधियों ने कोई आपत्ति नहीं की। पर्दों के पीछे खस की टाट लगाकर उसे भीगा दिया जाता कि ठंडक बनी रहे। दो दिन में वे दोनों वहाँ अभ्यस्त हो गये। सेलिना कुछ देर के लिए पेड़ पर जाती, बाक़ी पूरे समय दोनों गर्मी के कारण वहीं दुबके लेटे रहते। खिड़की की लेज़ पर मुलायम कपड़े बिछा दिए गए। कटोरियों में खाना-पानी रख गया। खिड़की के पास एक स्टूल पर भी फल आदि रखे गये।

अगले तीन-चार दिन हमारी अनुपस्थिति में विक्रम ने उनका पूरा ध्यान रखा। बच्चे दिन में फ़ोन करके पूछते रहते-जॉय लौटा? सेलिना लौटी? विक्रम बताते एक तो दिख रहा है। जाने कौन-सा है?

हम कहते कि ज़रूर जॉय ही होगा। थोड़ी देर भी नहीं जाता? कैसे दुनियादारी सीखेगा? बीमार तो नहीं है? खाता है?

“खाता तो है पर गर्मी बहुत है। हरे पर्दे पर दो बार पानी का छिड़काव कर देता हूँ कि कुछ ठंडक बनी रहे।” चौथे दिन विक्रम ने थके हुए स्वर में फ़ोन किया। “जल्दी आ जाओ। मैं 4 दिन से सोया नहीं हूँ। हमेशा बच्चों की चिंता बनी रहती है।”

“और आप समझते थे कि बच्चे यूँ ही पल जाते हैं।” मैंने उलहाना दिया।

“नहीं, मैं तो हमेशा कहता हूँ कि तुम बच्चों के पास होती हो तो मैं निश्चिंत बना रहता हूँ।”

चलिए अपने बच्चे न सही गिलहरी के बच्चों से ही सही। जनाब को माँ की महत्ता समझी तो। लौटते समय शुभी साथ आई थी। गिल्लू इन दिनों बाहर पर्दे पर गोल-गोल घूम कर कॉर्न माँगता था। हम सब शाम को बालकनी में खड़े थे। गिल्लू को देख दिवा कॉर्न लेने गई और इस बीच शुभी ने झूठमूठ ही हाथ आगे बढ़ा दिया। तब उसे चुटकी भर सिंदूर की नहीं, चुटकी की कीमत पता चली। वह हल्का-सा चिल्लाई। मैंने चौंक कर पूछा, “काटा क्या।” उसने ‘हाँ’ में सिर हिलाया।

“ यह मानकर चलता है कि तुम्हारी चुटकी में कॉर्न है। नहीं होगा तो दाँत हाथ में लगेंगे।” मैंने उसे आगाह किया। चिंता भी हुई।

“नहीं, ज़्यादा नहीं लगी। छोटे- छोटे तो दाँत हैं इनके।”

“हाँ पर पैने हैं।” मैंने उसका हाथ देखते हुए कहा।

गिल्लू भी बेसब्री में हमारे ऊपर छलाँग लगाने को तत्पर हो रहा था। दिवा के आने पर उसे कॉर्न दिए गये।

जून, 2022

जॉय दिनभर खिड़की की लेज़ पर पड़ा रहता। वह भी एक करवट लेटा। गिल्लू को ऐसे सोते हुए हमने नहीं देखा था। वैसे भी वह हमारी गोदी में या पर्दे के पालने में गुड़ामुड़ा पड़ा रहता था। जॉय को मुंडेर पर छोड़ते तो भी वह वापस आ जाता। शुरुआत के दिनों में तो हम उसे ऐसा पसरे देख डर ही गये थे। उसके लिए वहीं सब खान-पान रखा जाता। सेलिना के लिए टेरेस के गमलों में दूध-बिस्किट रखा जाता जिसे बड़ी गिलहरियाँ चट कर जातीं। सेलिना ने अपना घर सीढियों पर लगे ब्लाइंड्फोल्ड्स के पीछे बनाया। वह हर शाम पहले जॉय के पास लौटती। शाम की ‘चाय’ पर भाई-बहन दिनभर की बातें साझा करते और फिर सेलिना अपने घर चली जाती। गर्मी और बढ़ने पर सेलिना भी एक दो घंटे पेड़ पर बिताकर लौट आती और रात भी वहीं जॉय के पास ही सोती थी। कमरे में ए.सी. चलने और पर्दे को गीला करने से शायद कुछ ठंडा रहता होगा।

जून में ही हम नालदेहरा और गिरिगंगा गये थे। वहाँ से लाए फलों में नाशपाती उन्हें बेहद पसंद आई थी। जॉय नाशपाती को पकड़ उसके ऊपर ही लेटा रहता और दोनों को अलग-अलग देने पर भी दोनों के बीच घमासान युद्ध चलता।

मौसम की पहली बारिश का लुत्फ़ दोनों ने पर्दे के ऊपर बैठ उठाया था और मौसम अच्छा होने पर ही जॉय ने अंततः काम पर जाना शुरू किया।

हालाँकि उनका काम अब हम जान गये थे। दाना कुतरने के अलावा उन्हें पैर फैलाकर सोना ही था। चाहे खिड़की पर, चाहे पेड़ पर। इन्हें देखकर हम समझ सके कि गिल्लू भी पेड़ पर जाकर यूँ ही अलसाता रहता होगा और हम सोचते थे कि खाने की तलाश में दूर-दूर भटकता है। इन दिनों हमने जाना कि अशोक के पेड़ पर गिलहरी की मंजरी खिलती हैं। बादलों की ओट से सूरज किरणों का जाल फेंकता और उसमें फँसने 8-10 गिलहरी अशोक की डालियों पर डेरा जमा लेती हैं। शायद कोई किताब साथ लिए रहती हों या हेडफ़ोन लगाकर संगीत सुनती हों। बीच- बीच में गॉसिप करती हुई भी सुनाई पड़तीं।

शुभी कहती कि इन्हें सन स्क्रीन लगा दो।

दिवा कहती, हैट दे दो।

मैं मुस्कराते हुए सोचती कि उन्हें कुछ नहीं चाहिए... बस हरियाली हो और गाड़ियों की आवाज़ाही से सुरक्षित रास्ते!

सड़क पर मृत गिलहरियों को देख हमेशा लगता है कि इंसानों और गिलहरियों दोनों को ही कुछ और सतर्कता और धैर्य से सड़क पर चलना चाहिए।

रिश्ते नहीं छूटा करते

समय के साथ ये बच्चे भी अपनी अलग दुनिया बसाने आगे बढ़ गये। दिवाली पर सफ़ाई अभियान के अंतर्गत खिड़की के बाहर की ओर लगाए पर्दे हटाए गये कि इन्हें धुलवा दें और मेरे अनुसार अब इनकी ज़रूरत भी नहीं थी। बच्चे खिड़की पर रहते नहीं थे लेकिन उसी दोपहर उनको खिड़की पर पर्दा तलाशते पाया और तत्काल प्रभाव से वे बिना धुले ही वापस टाँग दिए गये।

19 जुलाई, 2022

इन दिनों कोई मरीज़ खेत से भुट्टे दे गया था उन के छोटे-छोटे टुकड़े गिलहरी और चिड़ियों के लिए रखे गये जिन्हें उन्होंने बेहद मन और उमंग से खाया। इन्हीं दिनों दो छोटे बच्चे, जो जुड़वा लगते, परिसर में दिखाई देते। उनका नाम नोनू और चूचू रखा गया। मुझे लगता है गिलहरियाँ अपना सुरक्षित इलाका अपने बच्चों को सौंप ख़ुद नई जगह चली जाती हैं हालाँकि मिलने आती रहती हैं।

इसे प्रमाणित या निरस्त करती कोई वैज्ञानिक टीप अभी मेरे पास नहीं है। बस मेरा अपना अनुभव है जिसमें अचानक गिल्लू, सेलिना या जॉय कई दिनों तक लगातार दिखाई देते, खाना माँगते और अचानक कई-कई दिनों तक नज़र नहीं आते।

5 अगस्त, 2022

इन दिनों तोतों की आमद हुई थी। चटख हरे तोते, लाल चोंच और लंबी पूँछ के साथ राजकुमारों से दिखते थे। बस जब वे चिल्लाते हुए उड़ते तो उनका सारा अभिजात्य झर जाता। तब वे गली में बहस करती किन्हीं कस्बाई महिलाओं से प्रतीत होते।

मुंडेर पर आने वाले तोतों की संख्या तीन से पाँच हुई और फिर एक दिन 10-12 और अगले दिन 30- 40 पहुँच गई। बहुत प्रयासों से मेहमानों के बैठने की समुचित प्रबंध किए गये जब तक उनके आसन बनकर आए, दिल घबराता रहा कि कहीं बैठने की उचित व्यवस्था न होने को अपना अपमान समझ आना बंद न कर दें। लेकिन वे आते रहे। सुबह-शाम का तोतों का जमावड़ा ख़ूब भा रहा था। साथ में बड़े कबूतर भी आने लगे। इस झुंड के कारण गिलहरी व अन्य पंछी ज़रूर अल्पसंख्यक जैसे असहाय महसूस करने लगे। तोतों के जाने के बाद उनके लिए पुनः दाना-पानी रखा जाता। कब हुआ याद नहीं, लेकिन अचानक हमने महसूस किया कि तोते नहीं आते, केवल वही शुरुआती युगल बना रहा। अन्य को न खाने देने के लिए उन्हें डाँटा गया तो वे मुँह लटकाकर बोले-

"मैया मोरी मैं नहिं बाजरा खायो
गिलहरी गौरैया सब बैर परे हैं,
बरबस मुख लपटायो।"

24 अगस्त, 2022

कुछ दिनों से हम अपने न्यू क्रश से मिल रहे थे। महाशय दो दिन से नज़र आ रहे थे। इतने क्यूट कि ऑsss... ऑsss... कहते-सुनते पूरा दिन बीत जाता। नाम रखा गया नोनू। कई बार बड़ी गिलहरी इनके मुँह से निवाला छीनकर ले जाती। हमारा काम होता तुरन्त इन्हें दूसरा निवाला मुहैया कराना। पहले कुछ दिन संकोच में रहा, फिर हमारे हाथ से खाना लेने लगा। शायद गिल्लू, जॉय या सेलिना ने हमारी गारंटी दी हो।

अक्टूबर, 2022

इन दोनों सुबह से ही किंगफिशर लंबी सीटियाँ बजाने लगता। हरसिंगार के फूल, मधुकामिनी पर झर उसकी बहार को दुगना कर देते। यूँ लगता ज्यों चाँदनी पर चाँदनी बरस रही हो। गिल्लू ने सीढियों पर लगे पर्दों के पीछे अपना घर बनाया हुआ था। सुबह हम टेरेस पर बैठे होते तब वह रेलिंग पर चलता हुआ अशोक तक

जाता। इस यात्रा का एक पड़ाव हमारे हाथ से खाना लेना भी रहता। सेलिना भी वहीं अपना घर बनाए थी। वह अधिकतर हमें झूले पर बैठी मिलती। उससे वहीं ख़ैर-ख़बर पूछी जाती। जॉय के बारे में गिल्लू और सेलिना दोनों ही कुछ नहीं बताते थे।

उस दिन गिल्लू को जल्दी घर जाते देखा था लेकिन कुछ देर बाद वह हरे पर्दे पर घूमता बिस्किट माँगता नज़र आया। ये मीठी सर्दियों के बड़े प्यारे और सुंदर दिन थे। इन दिनों गिल्लू हमारे आस-पास बना रहा था। हमारे बाहर निकलते ही दौड़ा आता। हम ख़ाली हाथ होते तो मुँह उठाकर हमारी ओर देखता, आँखों से मनुहार करता, हमारे पास आने का मार्ग तलाशता। कभी-कभी भय लगता कि बाहर निकलते ही वह पहले की भाँति हमारे ऊपर कूद न पड़े। विक्रम भी बाहर जाते तो आवाज़ देते, "तुम्हारा गिल्लू घूम रहा है उसे कुछ दे दो।" दिन की चादर कुछ देने में ही तह हो जाती। केवल गिल्लू ही नहीं था, मुनिया, गौरैया, फ़ाख़्ता, तोते और गिलहरियों का भरा-पूरा संसार था। कभी-कभी कोतवाल, कोयल भी चले आते। जाड़े की नर्म धूप और आँगन में बैठकर, देखना गिलहरियों को, ज़रूरी काम इग्नोर करते हुए... कुल मिलाकर यही हमारी दिनचर्या थी तब।

इस समय हमने जाना कि कई दफ़ा गिलहरी अपने हाथ-पैर बिल्कुल ढीले छोड़, पेड़ पर या मुंडेर पर पसर, आराम फरमाती हैं, इसे स्प्लूट (sploot) कहते हैं। कुत्ते-बिल्ली जैसे अन्य जानवर भी पेट के बल लेट अपने पिछले पैरों को पीछे की ओर फैलाकर सपाट कर लेते हैं। यह इनकी आराम मुद्रा है। इस मुद्रा में पड़े-पड़े

मोहल्ले भर की चकलस सुन ली जाती है। कोई मूंगफली या बाजरा का दाना बेमन से कुतर लिया जाता है या एक हाथ ठुड्डी के नीचे रख **'me time'** बिताया जाता है

गिल्लू से सब सुख-दुख भी साझा किए जाते। वह खाना कुतरता हुआ बिना जज किए सुन लेता। किसी से चुगली भी नहीं करता। ऐसे दोस्त बताइए इन दिनों कहीं मिलते हैं क्या?

दिवा विक्रम से कहती, "पापा! मम्मी गिल्लू से ऐसे बात करती हैं जैसे वह सब समझ रहा हो।"

शुभी कहती, "हाँ, किसी दिन खीझकर बेचारा कह उठेगा कि अब बस भी करो!"

विक्रम कहते, "और जब वह बोल उठेगा तो सबसे पहले डर कर चीखेंगी भी तुम्हारी मम्मी ही।"

मैं कहती, "तुम सबसे तो बेहतर ही है बेचारा। वैसे भी अब मुझे केवल उन लोगों से ही बात करना अच्छा लगता है जो पलट कर जवाब न दें।" फिर गिल्लू से कहती, "तुम इन लोगों जैसी बेअदबी न सीखना। गुड बॉय ही बने रहना।"

अपने रंग- रूप और गुणों के कारण गिल्लू मुझसे भी अधिक प्रसिद्ध हो गया था। जो भी मिलता गिल्लू के विषय में पूछता। घर आने वाले दोस्त उससे मिलना, उसे देखना चाहते। जब चंद्रकला त्रिपाठी मैम घर आईं तब गिल्लू ने उनके हाथ से कॉर्न ले लिया। वे तो प्रफुल्लित हुईं ही, हमनें भी हमारी इज्ज़त रख लेने के लिए

गिल्लू को शुक्रिया कहा। नहीं तो बच्चों को तो आप लोग जानते ही हैं, ऐन मौके पर उन्हें आपको ग़लत सिद्ध करके बड़ा सुख मिलता है। अगर आपने मेहमानों के सामने कह दिया कि चॉकलेट लाने के लिए शुक्रिया। हमारे बच्चों को बहुत पसंद है तो उन्हें तुनककर कहना होता है, “नहीं, हम तो आइसक्रीम पसंद करते हैं।”

गिल्लू के गली-गली होते चर्चों से गर्वित , हमने सोच लिया था जो सरकार हमारी गली का नाम बदल गिल्लू- गली रखेगी, हम उसे ही वोट देंगे।

23 नवंबर, 2022

जैसे-जैसे जाड़ा बढ़ता गया। बालकनी से धूप ने अपने पाँव सिकोड़ लिए और आलस ने सब पर कब्ज़ा कर लिया। अब दोपहर तीन बजे के बाद यहाँ जमघट लगता और क्या ख़ूब लगता। डव, बुलबुल, मुनिया, सतबहनें, कबूतर, गौरैया, गिलहरी, तोते और कभी-कभी कोयल और शिकरा भी। मुनिया जितना खाती हैं उतना ही फैलाती भी हैं। बर्ड फीडर एक दिन में आधा हो जाता है। मुझे लगता है पंछियों के लिए चौड़े बर्तन में बाजरा, काउनी आदि रखना बेहतर है। वे भी आराम से खा पाते हैं, गंदगी भी सीमित हो जाती है। शायद इस सुविधा से मुनिया का हम पर विश्वास बढ़ा है जब तक बिलकुल ही क़रीब न जाओ तो उड़ती भी नहीं।

जैसा कि आप अब तक समझ ही गए हैं कि इस दुनिया का मेरे भीतर लालच बहुत बड़ा है। मैंने अपनी रीडिंग टेबल के पास वाली खिड़की के ठीक सामने मटकी में दाने रख दिए कि लिखते-पढ़ते नज़र बनी रहेगी। जाने कैसे पटवारी से साँठ-गाँठ कर इस मटकी का पट्टा मुनिया ने अपनी बिरादरी के नाम चढ़वा लिया। अब यह दाने भरी मटकी न हो, मुनिया भरी मटकी दिखती। लोकल ट्रेन-सी खचाखच भरी! हमारी उपस्थिति के लिए वे इतनी अभ्यस्त हो गईं कि बालकनी में बहुत पास जाने पर भी उड़ती नहीं। जैसे कोई बहू झल्लाकर कहे ससुर जी तो दिनभर अंदर-बाहर होते हैं कितनी बार घूँघट करें। नई बहुओं से कौन इतनी बातें सुनता! हमने ही घूँघट कर लिया। दूसरे दरवाज़े से बालकनी में जाने लगे।

जब शिकरा आता तो बाक़ी सब गायब हो जाते। शिकरा चिड़िया के नन्हे बच्चों को बिना पाप-पुण्य की चिंता किए खा सकता है। एक दफ़ा यह अपना नाश्ता साथ लिए इस मुंडेर पर चला आया था। खिड़की से नज़र पड़ी तो हमारी जान सूख गई। लगा कि दुष्ट हमारी गिलहरी को खा रहा है। ध्यान से देखा तो वह मृत चूहा लिए था। प्रकृति अपने नियमों से चलती है। हम हस्तक्षेप नहीं कर सकते लेकिन उनके अपने मन- माफिक न होने पर शोक से बच भी नहीं सकते। वह उड़ा तो अपना भोजन साथ ले गया। यह देख राहत महसूस हुई। कौआ इस संदर्भ में बड़ा उदार होता है। हमारी रखी घास- फूस के बदले कुछ मीट पानी के बर्तन में डाल जाता है। उसे कोई तो बताए कि हम शाकाहारी हैं पर बताया भी कैसे जाए! मुझे लगता है वे जन्म से बुज़ुर्ग होते हैं। रोटी को बिना भिगाए नहीं खा पाते और उसे भी पानी के बर्तन में डुबाकर चले जाते हैं। ज़रूर उनके दाँतों की तरह ही कान भी कमज़ोर होंगे। कई बार चिल्लाने के बाद हमने मान लिया है कि कौए मेरा मतलब भैंस के आगे बीन बजाने से कुछ हासिल न होगा।

इनके साथ से हमने जाना कि जो लोग गिलहरियों पर अपना किचन गार्डन लूट लेने का इल्ज़ाम लगाते हैं वे झूठ बोलते हैं मज़ाल है कि गोभी, गाजर, खीरा, मटर, सेब, लौकी, तोरई, कद्दू, शकरकंद, केला,अखरोट आदि या अंडे जैसी पौष्टिक चीज़ें इन्हें लुभा लें। अंगूर, तरबूज़, अनार, जामुन, जंगली बेर, कॉर्न, ग्लूकोज बिस्किट में इनकी जान हैं। रोटी और बाजरा स्थायी आहार। "ईश्वर भी बड़ा अनाड़ी है- स्वाद जंक फूड में दिया, पौष्टिकता बेस्वाद भोजन में!"

ऐसा मैं नहीं कह रही। जॉय को बुदबुदाते सुना था।

आक्षेपों और बच्चों को बिगाड़ने की ग्लानि से बचने का हमें एक ही उपाय समझ आया कि पौष्टिक भोजन इन्हें नैसर्गिक रूप से उपलब्ध हो और हम सब्ज़ी-फल आदि बाग़ीचे में लगाते गये। पंछियों और गिलहरियों को अधिक नमक, शक्कर और मिर्च-मसाले वाला भोजन नहीं देना चाहिए जो उनका प्राकृतिक खान-पान है उसके अनुरूप ही देना उचित है।

26 नवंबर, 2022

गिल्लू मुंडेर पर बैठा था। मैंने कहा, “यहाँ पुल पर आओ।” और वह लंबी छलाँग लगाकर आ गया। एकबारगी हमारा दिल धक से रह गया। जब तक हम कुछ सोच समझ पाते उसने दो पैरों पर खड़े

होकर बिस्किट ले लिया और चला गया। हम दिनभर इस गर्वित सुख में डूबते-उतराते रहे कि गिल्लू हमारे संकेत बाख़ूबी समझ लेता है।

मैंने फिर से लिखा कि बच्चे और पति मेरी बात नहीं सुनते, जबकि गिलहरी ख़ूब मानती है।

सतीश भैया ने लिखा - उन्हें भी बिस्किट दिखाकर समझाया जाए।

इस कटु सत्य से हम कितना ही मुँह फेरना चाहें लेकिन यही हक़ीक़त है। स्नेह,आदर और आत्मीयता की नींव में प्रत्यक्ष-अप्रत्यक्ष स्वार्थ का बिस्किट सदा मौजूद है।

4 दिसंबर, 2022

यह शरीफों का मौसम था (फल; जिसे कहीं-कहीं सीताफल भी कहा जाता है। शरीफ़ इंसानों का अब कोई मौसम कब होता है!) जिसने गिलहरियों को बदमाश बना दिया था। उन्हें चटोरा चीनी-चोर सिद्ध किया था। शरीफा रखते ही भीड़ जुट जाती। खींचातानी होती और सेब जैसे फलों की हालत हाशिए पर धकेल दिए गये बुज़ुर्ग नेताओं और साहित्यकारों जैसी हो जाती। अत्याधिक मीठे फल, कॉर्न इनके लिए पोष्टिक नहीं हैं। ट्रीट के रूप में यदा-कदा ही दें।

1 जनवरी, 2023

गिल्लू को नववर्ष की शुभकामनाएँ दी तो कहने लगा, "सिर्फ़ कलेंडर बदला है दुनिया नहीं।"

मैंने विक्रम से कहा, " ज़्यादा ज्ञानी होता जा रहा है। इसका व्हाट्सएप बन्द करवाना पड़ेगा।"

ख़ैर, इन दिनों यह बड़ा सुख है कि कमरे का दरवाज़ा खुलते ही गिल्लू उस ओर आस से देखता है। जब नहीं दिखता तो गिल्लू को पुकारने पर अगर वह आस-पास होता है तो पेड़ की फुनगी से, खिड़की के पीछे से, बोगेन्विलिया के झुरमुट से निकल चला आता है। अंगूर, कॉर्न, रोटी, बिस्किट लेकर खाता है और ख़त्म करके पुनः माँगने आता है। कई बार हमारे हाथ पर अपना हाथ रख देता है। हथेली पर चढ़ जाता है। कोई एक गिलहरी हमें पहचानती है इस सुख को कैसे कहूँ भला! बस निसदिन इस अनुभूति को जीती हूँ। सेलिना भी हमारे हाथ से खाना ले लेती है, जॉय पास चला आता है लेकिन हाथ से नहीं लेता। रख देने पर उठा लेता है। बाद के दिनों में गिल्लू और सेलिना का आना नहीं हुआ और तब जॉय हमारे हाथ से खाना लेने लगा लेकिन ख़ुद को कभी छूने नहीं दिया। गिलहरी अपने सिर के पीछे भी देख लेती है, हल्का हाथ बढ़ाने से भी वह तुरंत भाग जाता।

मार्च, 2023

इन दिनों जॉय या सेलिना में से कोई, बाल्य स्मृतियों से संचालित हो घर के भीतर पर्दों पर चला आता है। संभवत: ये आगामी पीढ़ी के स्वागत के दिन हैं।

देह धरे को दंड

जहाँ मोह है वहाँ दर्द भी मिलना तय है। आज सुबह बॉलकनी में देर तक एक तोता बिल्कुल अकेला बैठा दिखा। स्वभाव के विपरीत उड़ा भी नहीं। किसी कष्ट में तो नहीं, चिंता हुई। पास गई तो उड़ गया। मैं निश्चिन्त हो गई। शाम के समय उपदेश उसे हाथ में लिए आया कि बोगेन्विलिया की डाली से नीचे गिरा मिला है।

मन ने कहा- ख़बर अच्छी नहीं है!

उसे पानी पिलाया। एक टोकरी में कपड़ा बिछाकर उसे लिटाया। उसने आँखें मूँद कुछ साँसें लीं और प्राण त्याग दिया। मन नहीं माना, पंछियों के अस्पताल भेजा किन्तु प्राण-पखेरू उड़ चुके थे और देह-पखेरू फिर उड़ न सका। (इस समय तक हमें एक वेटरनरी चिकत्सक का पता मिल गया था जिसे हमने मन प्राण से सहेज लिया था।)

बच्चे भी नियति के निर्णयों को स्वीकारना सीख रहे हैं... मैं भी। सब एक-दूसरे से कहते कि उसका समय आ गया था फिर आह भरते आगे कहते लेकिन अंत समय हमारा मन बाँधने हमारे पास क्यों चला आया?

इन प्यारे जीवों के साथ रहते यह भी याद रखना होगा कि जहाँ-जहाँ जीवन है, वहाँ जीवन से जुड़े त्रास भी होंगे। जन्म होगा तो मृत्यु भी होगी। मोह होगा तो संताप भी होगा।

विदेशों में गिलहरी, पांडा व अन्य जीवों की देखभाल और रिहैबिटिलेशन के लिए प्रतिबद्ध सरकारी और प्राइवेट कई संस्था हैं। रजिस्टर्ड और अनुभवी परिचारक (केयरटेकर) हैं। यह देख

दुःख होता है कि हमारा समाज संवेदना और उदात्तता के उस स्तर पर अभी नहीं पहुँच पाया है। काश कि प्राथमिक शिक्षा को प्रकृति से जोड़ा जाए ताकि हमारे बच्चे सामंजस्य और ज़िम्मेदारी सीख सकें। यह पृथ्वी केवल हमारी नहीं है, वनस्पति और जीव-जंतुओं की भी है। चूँकि मनुष्य विकास क्रम में उच्च शिखर पर है हमारी भूमिका इनके संरक्षण की है, दोहन की नहीं।

बाद के दिनों में जब विश्व पूरी तरह कोविड से उबरा भी न था, न्यूज में बमबारी की ख़बरें और विडियो देखते हुए दिवा ने सहमते हुए पूछा था, "क्या वहाँ गिलहरी, खरगोश, चिड़िया भी मर गये होंगे?" इसे यह न समझा जाए कि उसकी दृष्टि में मानव जीवन का मोल नहीं। बस इतना ही कि इन नन्हे जीवों का जीवन और आश्रय भी हमारे आपसी टकरावों की भेंट अकारण चढ़ जाता है। कोविड से बची दुनिया को देख यकीं हो गया था कि जैसे आग में मोम पिघलता है, पत्थर काला हो जाता है वैसे ही आपदाएँ भी कोमल हृदयों को ही पिघला पाती हैं, स्वार्थ भरा हृदय कुछ और कुरूपता को ही प्राप्त होगा।

इस कहानी का कोई अन्त नहीं

1 मई, 2023 के नीलांबर कोलकाता के कार्यक्रम के लिए मैं 28 अप्रैल को निकल गई थी। 27 की रात चिंता में बीती थी। ए.सी. चलाया तो बाहर की आवाज़ से लगा कि कोई गिलहरी कूद कर गई उसमें से। ए.सी. तुरंत बंद किया। मैं काँपते मन से बाहर गई पर कोई नहीं दिखा। मुंडेर पर ज़रूर लगा कि कोई कपड़ा या पत्थर रखा है। पास जाकर देखा तो वह एक चिड़िया थी। उसे कोई नुकसान तो नहीं पहुँचा यह देखने के लिए एक फ़ोटो ली। जूम करके देखा। कोई कट या ख़ून नहीं दिखा। यह ज़रूर अहसास हुआ कि यह डव शिशु है। फ़ाख़्ता का एक जोड़ा पिछले कुछ साल से यहाँ घोंसला बनाने के प्रयास में था लेकिन जगह के अभाव के कारण वह गिर जाता था। उस स्थान पर लकड़ी का एक फट्टा रखवा दिया गया था। इन पंछियों की ज़िद के आगे मैं अक्सर हार ही जाती हूँ। उसी पर ए.सी. के पीछे घोंसला बना था। ए.सी. आउटडोर यूनिट भी खोलकर देखी गयी और वहाँ से फिर गिलहरी के डाले तिनके, कपड़े आदि मिले। तय हुआ कि इस ए.सी. को भूल ही जाया जाए। आपको नहीं लगता कि ए.सी. निर्माताओं को इस समस्या का संज्ञान लेना चाहिए।

नेट से जाना कि यह महाशय क़रीब 10-12 दिन के हैं और अब इनके माता-पिता भी इन्हें दूर से ही देखेंगे। पानी और दाना इनके लिए छोटे बर्तन में रख दिया गया पर इन्होंने भाव नहीं दिया। इतना ज़रूर कि बैठे रहे, उड़कर हमारी बेइज़्ज़ती नहीं की।

ए.सी. *आउटडोर यूनिट के अंदर गिलहरी की उपस्थिति भी चिंता का विषय बनी थी। कुछ मित्रों ने तेज़ महक वाली चीज़ें जैसे लहसुन आदि रखने के लिए कहा ताकि गिलहरी आए ही न। इसमें सबसे चौंका देने वाला नाम 'प्रेडेटर यूरिन' का था। जंगल में चतुर से चतुर शिकारी भी किसी न किसी का शिकार होता है और हर शिकार अपने शिकारी की हर गंध पहचानता है। शेर, चीता आदि जंगल में अपना इलाक़ा निर्धारित करने के लिए न तो लोहे के तारों की बाड़ लगाते हैं न सीमा आरंभ या सीमा समाप्त की तख़्ती। वे मूत्र विसर्जन करते हैं। जी हाँ, यह विचित्र और अशिष्ट तरीका है पर यही सच है। इसी गंध से अन्य जानवर प्रवेश-वर्जित का बोर्ड न लगा होने के बावजूद उनका आधिपत्य जान लेते हैं।

"देखो तो, लोग फॉक्स यूरिन स्प्रे करके गिलहरी भगा रहे हैं। यहाँ हम सोचते हैं कैसे हमारे पास आ जाएँ!" मैंने विक्रम से कहा।

"क्या?" दिवा ने आश्चर्य से आँखें फैलाते हुए कहा, "क्या लोग जंगल जाकर फॉक्स पकड़कर ला रहे हैं?" (बच्चों से उनका नाम लेकर बात कहो तो मज़ाल है वे सुन लें पर माता-पिता की आपसी हर बात पर कान दिए रहेंगे।)

"हाँ, और कुत्ते की तरह गले में पट्टा डालकर घर के चारों ओर घुमा रहे हैं।" मैंने चिढ़कर कहा।

* आगे इन आउटडोर यूनिट में गिलहरियों का प्रवेश रोकने के लिए हमनें इन्हें लोहे की बारीक ज़ाली के बड़े खाँचे में क़ैद किया।

दिवा और विक्रम दोनों की जिज्ञासा भरी नजरें मुझ पर आ टिकीं।

"अरे भई, वैसी कृत्रिम गंध की स्प्रे बोतल मिलती है।"

दोनों ने एक साथ राहत की साँस ली।

"मैंने सोचा लोग बोतल लेकर लोमडियों के पीछे दौड़ते हैं।" विक्रम ने कहा।

"आप से बेहतर तो दिवा की पालतू लोमड़ी वाली कल्पना थी।" मैंने मुँह बनाते हुए कहा।

"लेकिन कोई गिलहरी को भगाना क्यों चाहेगा?" दिवा के लिए यह व्यवहार निश्चित ही अकल्पनीय था।

"क्योंकि मनुष्य अभागी प्रजाति है उसने अभी सुख का सही स्वरूप जाना नहीं है।" बेबस मुस्कान संग उसे बाहों में भरते हुए मैंने कहा।

रात भर चिंता और नींद के बीच झूलते हुए, सुबह चार बजे उठकर देखा, फ़ाख़्ता महाराज वहीं बैठे मिले। ट्रेन से विक्रम को फ़ोन किया कि उसके लिए दूध-बिस्किट रख देना। विक्रम लेकर गये तो 'मुझे क्या बच्चा समझा है!' कहते हुए महाशय लंबी उड़ान उड़ गये।

एक तारीख को कार्यक्रम के बीच दिवा का फ़ोन आया। मेसेज करने के लिए व्हाट्स एप खोला तो नन्ही गिलहरी की फ़ोटो थी। कहाँ हैं? ए.सी. मत चलाना। मैंने पुनः हिदायत दी।

रात के समय बात होने पर जाना कि फ़र्स्ट फ़्लोर पर लोहे के चैनल और दीवार के बीच की जगह में एक गिलहरी शिशु डरा-सहमा बैठा देखा गया जो बीच-बीच में कुछ आवाज़ निकाल रहा था। निश्चित ही अपनी माँ को पुकारता होगा। उसके पास पानी और दूध रख दिया गया फिर वैसी ही आवाज़ ग्राउंड फ़्लोर पर भी सुनाई दी और उतना ही बड़ा बच्चा वाशिंग मशीन के पीछे पाया गया। उसे भी लाकर पहले के पास ही बिठा दिया गया। उनके लिए वहीं बिस्तर लगा दिया गया। दूध-बिस्किट घोलकर रख दिए गये। न उनकी माँ आई और न ही उन्होंने खाया। आप सही समझे। अब इन दोनों को दिवा ही सँभाल रही थी। मैंने कहा, "वही टोकरी स्टोर से निकलवा कर उसमें सूती कपड़े बिछवा देना।"

विक्रम ने कहा, "गिलहरियों में अब ख़बर फैल गई है कि यहाँ बढ़िया क्रैच है। बच्चे यहाँ छोड़कर घूमते-फिरते रहो।"

मैंने कहा, "मुझे लगता है कि गिलहरियाँ भी हिंदी फ़िल्मों की शौकीन हैं।"

आपको वो फ़िल्में याद होंगी, जहाँ अपनी किसी मजबूरी के चलते माँ अपना जिगर का टुकड़ा किसी आश्रम या दयालु व्यक्ति के घर के बाहर छोड़ जाती थी। बच्चे के रोने की आवाज़ से कोई बाहर निकलता था, चकित हो चारों ओर ताकता था और किसी को न पाकर, माँ की कठोरता पर लानत देता, नवजात शिशु को भीतर ले आता था।

ख़ैर, घर पहुँचने में अब यह आकर्षण भी जुड़ गया था। लौटकर सबसे पहले इनसे ही मिला गया। दिवा ने नाम दिए फ्रैंकी और लियो जबकि मैं टॉम और जैरी रखना चाहती थी। मैंने उन्हें टोकरी से निकाल, सेलिना और जॉय के लिए मँगवाए घर में रखा ताकि उन्हें घूमने-फिरने की जगह मिल सके और खाना-पानी भी रखा जा सके।

फ्रेश होकर लंच करने नीचे गये तो सुनील दो बच्चे हाथ में लिए चला आया।

"ये नीचे कैसे आ गये? इनका घर तो बंद है।"

"गैलरी में घूम रहे थे।" वह बोला।

"वो दोनों तो ऊपर हैं। हम अभी दूध पिलाकर आए हैं।" संतोष ने कहा।

हम सब का दिमाग चकरा गया। दिवा भागकर ऊपर गई। बोली, "ये दोनों तो सो रहे हैं इधर।"

"किन्हें पकड़ लाए? इनकी माँ होगी। देखो। ऐसे कितने बच्चे पालेंगे हम!" मैं बाहर भागी। मधुमालती की बेल के नीचे घोंसला गिरा हुआ था। उसे उठाकर उसी में बच्चे रख, टब वहीं रख दिया गया। कुछ देर बाद हुए शॉर्ट सर्किट के कारण बिजली का बोर्ड खोला गया तो चार बच्चे वहाँ से निकले। दो छोटे, दो थोड़े बड़े। इन्हें भी उसी टब में रखा गया। बोर्ड के भीतर कई तार कटे हुए मिले। इसका भी कोई स्थायी हल करना होगा कि यह छोटे जीव इसके भीतर प्रवेश कर अपने और हमारे लिए जोखिम न खड़ा करें।

एक गिलहरी ऊपर से झाँक रही थी। लगा, यही माँ होगी। इलेक्ट्रीशियन के जाने के बाद हम सब उस जगह से हट गये लेकिन वह टब में नहीं जा पा रही थी। पूरा ताम-झाम मधुमालती के गमले में रख दिया गया। रात को उन सबको दूध दिया और एक बच्चा कूदकर भाग गया। अब हम जानते हैं कि इन्हें रास्ते भूलते नहीं। वह स्वयं लौट आएगा और यह भी कि दोनों में से कोई एक माँ भी आ गई तो सारे बच्चों को अपना लेगी।

देर रात बारिश की आवाज़ से हम नीचे दौड़े। घोंसला वापस टब में डालकर, छज्जे के नीचे रखा गया और छाता भी लगा दिया।

सुबह 6:30 बजे उन्हें दूध पिलाकर वापस गमले में रखा और वह इलाक़ा छोड़ दिया गया। हमारे नाश्ते के बाद जब 9 बजे संतोष उन्हें दूध देने गया तो वहाँ कोई भी बच्चा नहीं था। सीसीटीवी फुटेज ने दिखाया कि एक गिलहरी कैसे बारी-बारी से बच्चों को मुँह में पकड़कर मधुमालती की बेल चढ़ रही है। हम अपनी भीगी आँखों से इस नन्ही माँ का स्नेहिल श्रम देखते रहे।

हालाँकि एक गिलहरी ले कर गई या दो यह पूरे विश्वास से नहीं कहा जा सकता लेकिन एक ही समय में सब बच्चे ले जाए गये, जो एक गिलहरी के पक्ष में जाता है और कोई आश्चर्य नहीं कि यह सेलिना ही रही हो। क्योंकि इसके बाद वह प्रतिदिन बालकनी में दिखाई देने लगी। ज़रा-सी आहट पर ही हमारी ओर दौड़ी आती (ले जाए गये बच्चे एक साथ हमें कभी नहीं दिखे। उन्हें कहाँ रखा गया है, यह भी हमें नहीं पता था। इस कारण चाहकर भी उनकी आगे ख़ैर-ख़बर नहीं ली जा सकी। अब लगता है कि बच्चों को मिलाना नहीं था। अलग रखना चाहिए था।)

उस वक़्त मैंने लिखा था -

सेलिना मैडम जब हमारे पास रहती थीं हमें बिलकुल भाव नहीं देती थीं। बचपन से ही तेज़ दिमाग और आत्मविश्वास से भरी हुई। टीनएजर बच्चों की तरह उन्हें लगता था ये सबकुछ जानती हैं, सब कर सकती हैं। वयस्क होने के बाद बिस्किट और कॉर्न खाने हमारे पास आती थी, फिर लम्बे समय नहीं दिखी। इन दिनों जैसे ही बालकनी में जाओ यह दौड़कर आ जाती है। ससुराल जाने के बाद जैसे मायके से आत्मीयता बढ़ जाती है। यह हमारी ओर देखती है, खाना माँगती है। हम डरते हैं कि कूद न जाए ऊपर। खाने के भ्रम में हाथ न काट ले। अब इन्हें मूँगफली का नशा चढ़ा है। कुछ और दो तो हाथ सूँघती रहती है पर लेती नहीं।

आपके आस-पास पंछी और गिलहरी हों तो उनके खान-पान का विशेष ध्यान रखें। बाजरा आदि के साथ अंगूर, अनार, कच्ची सब्जियाँ भी इनके लिए रखें। इन दिनों केवल अपने लिए ही नहीं अपने नन्हे बच्चों के लिए भी इन्हें अच्छा पोषण चाहिए। मिट्टी के बर्तन में पानी भी ज़रूर रखें और सुबह- शाम उसे बदलते रहें।

एक दिन सेलिना आई तो हमारे मन में लालच आया कि शायद ये लियो और फ्रैंकी को भी अपना ले। हमने लियो को उसके पास भेजा। वह चिल्लाने लगी। लियो को घुड़क दिया। बेचारा सहम कर दुबक गया। बोली, “तीन बच्चे मेरे हैं, दो पहले ही एडॉप्ट किए हूँ और कितने बच्चे पालूँ?”

हमने कहा, “ठीक है। तुम्हारी समस्या समझ गए। एडॉप्ट मत करो पर डराओ तो नहीं नन्हीं जान को।” इन दिनों भूखी रहती है सेलिना तो चिढ़चिढ़ी हो गई है। जॉय और गिल्लू के बारे में पूछा तो बोली, पहले पेट पूजा, बाद में प्रश्न-उत्तर।

हमारे पास बचे लियो और फ्रैंकी में लियो शर्मिला था। कम खाता था और छिपा रहना चाहता था जबकि फ्रैंकी पर अक्षय कुमार का साया पड़ा था। उसका प्रिय शौक था- छलाँग लगाना। बाहर छोड़ते ही वह हमारी निगरानी को धता देता और सीढियों से नीचे कूद जाता। टेरेस पर छोड़ने पर भी यही होता। उसे साफ़ करते हुए मैंने पाया कि उसकी पूँछ के नीचे एक ज़ख़्म है। उसपर एंटीबायोटिक मरहम लगा दिया गया और अगले दिन वेटरनरी डॉक्टर को देखने के लिए कह दिया गया।

समय के साथ उसने मिस्टर इंडिया वाली घड़ी भी जाने कैसे हासिल कर ली। अभी हमारे सामने है और अभी गायब। हम सब चकित से हर गमले के पीछे उसे तलाशते। जब वह मिल जाता तो 'यह रहा!' कहने तक पुनः गायब हो जाता।

एक दिन वह गायब हुआ तो मिला ही नहीं। हमें उम्मीद थी कि रात को लौट आएगा, पर नहीं आया। अगले दिन बाग़ीचे की दीवार पर चढ़ता दिखा। विक्रम और मैं टेरेस से उसे देखते रहे। वह मुंडेर पर पहुँचा। बड़ी गिलहरियों ने उसे सूँघा और छोड़ दिया। वह मुंडेर पर आगे बढ़ गया। हम उसके लिए बिस्किट लेकर गये। वह हमें देख दीवार के एक छेद में घुस गया। वहीं उसके सोने के लिए कपड़ा और खाना रखकर हम लौट आए। डाक्टर के आने से पहले ही हमारा मरीज़ लामा (lama; left against medical advice) हो गया।

"लियो को भी छोड़ दें क्या? दोनों भाई कम-से-कम साथ रह लेंगे।"

"हाँ, यही सही रहेगा " विक्रम ने सहमति जताई।

हम लोग लियो को लेकर गये लेकिन तब तक फ्रैंकी गायब हो गया था।

"चलो कल सुबह मुंडेर पर छोड़ देंगे।"

अक्षय और पूरे स्टाफ को कहा गया कि कल सुबह फ्रैंकी दिखे तो भरत- मिलाप कराना है।

"क्या फ्रैंकी को पकड़कर दोनों को खिड़की पर छोड़ना सही रहेगा?" मैंने विक्रम से पूछा।

"नहीं, अब उसे न पकड़ों। खिड़की से सीधे पेड़ पर जाएँगे। लेट हिम लिव हिज़ लाइफ।"

मुझे भी यह ख़तरा लग रहा था। शाम को अक्षय पौधों को पानी देने गया तो फ्रैंकी को पकड़े चला आया।

"यह कहाँ मिल गया?"

"प्लॉट पर घूम रहा था।"

"पकड़ा क्यों?"

"साथ छोड़ देंगे!"

"कैसे पकड़ा? भागा नहीं?"

"कपड़े में पकड़ा, पहले तो काट लिया इसने।"

"सही है। आत्मरक्षा सीख गया है।" मैं हँसी।

फ्रैंकी को हाथ में लिया तो मन उदास हो गया। एक ही दिन में वह आधा होकर लौटा था। पूरी तरह निचुड़ा हुआ।

"अभी अकेले रहने लायक हुए नहीं हैं ये लोग।" मैंने कहा।

उसे दुध-बिस्किट दिया गया जिसे उसने बिना नख़रे पी लिया और लियो से चिपक कर बैठ गया।

"बच्चों को ऐसे देखना विचलित करता है। इन्हें कल खिड़की पर छोड़ेंगे। बच्चों को यूँ बंद नहीं रख सकते।" मैंने मायूसी से कहा।

"वाइल्ड लाइफ रिहैबिटिलेशन सेंटर से किसी को बुलाते क्यों नहीं आप लोग?"

दिवा को कैसे बताती कि इंसानों के लिए तो विश्वसनीय रिहैब नहीं हैं, गिलहरी के लिए क्या होंगे!

"वेटरनरी डाक्टर को तो बुला ही लेते हैं आज।" प्रकट में कहा।

"पापा आज वेट ज़रूर आ जाएँ।" दिवा ने धमकी दी।

“एम्बुलेंस है उनके पास। बुला दूँ?” विक्रम हँसे।

“हम्म और मरीज़ सीट के ऊपर नहीं, सीट के नीचे चिपका मिलेगा।”

ख़ैर वेटरनरी उस दिन देरी से लौटे और आ न सके। निराशा में हमारी धड़कनें बढ़ गईं क्योंकि फ्रैंकी की एक आँख खुल नहीं रही थी

हालाँकि वह सही से खा रहा था। एक कॉटन बड को गीला करके उसकी आँख को हल्के हाथ से पोंछा गया।

अगली शाम डाक्टर आए। उन्हें देखा। तब तक फ्रैंकी की आँख सही हो गई थी। शायद किसी कीड़े के काटने से सूजन आई होगी। दोनों के लिए दवाई भेजी और कहा कि इतनी गर्मी में बाहर नहीं छोड़िए। मौसम ठीक हो जाने दीजिए। उन्होंने दोनों के लिए पानी में मिलाकर पिलाने की कुछ ड्रॉप्स दीं जो उनके पोषण में सहायक थीं और फ्रैंकी की पूँछ पर लगाने के लिए मरहम भी। फ्रैंकी को केवल अक्षय पकड़ पाता था और उसने पूरे नियम से उसकी सेवा कर फ्रैंकी को स्वस्थ कर दिया।

पिंजड़े में वे जैसे शिथिल पड़े रहते थे, मेरा मन नहीं माना। अगली सुबह दोनों को उसी पर्दे पर कुछ घंटे छोड़ा। वे ख़ुश हुए उस पर दौड़कर। दो दिन बाद उन्हें पूरी तरह वहीं छोड़ दिया गया और वहीं दवाई दी जाती रही। फ्रैंकी पेड़ पर जाने लगा। बड़ी गिलहरियों को ललकारने लगा और लियो पर्दे की सुरक्षित छाया में रहा। धीरे-धीरे दोनों ने अपना क्षेत्र बढ़ाया और अधिक गर्मी पड़ने

पर सीमित भी किया। जेनरेशन ज़ी के तमाम (अव)गुणों से लैस इन बच्चों ने हमसे दूरी भी बनाई रखी और बहुत तेज़ी से सब सीखा भी। अब आपके बच्चे आपको तवज्जो न दें तो मोबाइल को कोसने की जगह अपने आप को यह सोच तसल्ली दे सकते हैं कि बिना मोबाइल वाली गिलहरियों की नेक्स्ट जेनरेशन के मिज़ाज में भी ऐसी ही तुनकमिज़ाजी, आत्मकेंद्रिता और आत्मनिर्भरता शामिल हो चुकी है।

मैंने विक्रम से कहा कि इन बच्चों को देखकर यक़ीन होता है कि वह घोर कलजुग आ चुका है जिसका ज़िक्र रामचंद्र जी ने सीता माता से किया था।

विक्रम ने उल्टा मुझपर इल्ज़ाम लगाते हुए कहा, "तुम्हें ऐसा लग सकता है क्योंकि तुम लालची माँ हो।" मैंने मुँह ज़रूर बनाया पर प्रतिरोध नहीं किया। विक्रम के प्रेम में केयर अधिक है, लगाव कम। वे उनके भोजन- पानी की चिंता करेंगे किंतु यह भोजन-पानी उनके हाथ से ही ग्रहण किया जाए ऐसा आग्रह नहीं रहता। हम लोगों को इसकी चाह सदा बनी रहती है कि काश एक नज़र उठाकर हमारी ओर देख लें, हमसे बतिया लें। उस नमक का कुछ तो लिहाज़ करें जो ग्लूकोज के बिस्किट में मिला रहा होगा।

यह भी यहाँ लिखती ही चलूँ कि मेरे बच्चे हों, चिड़िया के या गिलहरी के... सभी की 'सुबह की चाय' कोविड काल में विक्रम के ज़िम्मे चली गई थी जिसे वे आज तक निभा रहे हैं। रात करीब बारह बजे दूध देकर इन बच्चों को सुबह छह बजे दूध देना हमें

ज़रूरी लगता था कि भूखे हो गए होंगे। इस समय विक्रम ही अपनी नींद खराब कर नीचे रसोई में जा, इनका आहार बनाकर लाते। उसे खिलाने के लिए मुझे उठना ज़रूर रहता लेकिन सुबह की पंद्रह मिनट की अतिरिक्त नींद के सुख के क्या कहने!

इन सब अनुभवों से यह कहना अतिश्योक्ति न होगा कि गिल्लू जैसा सीधा, प्यारा और अनुशासित बच्चा गिलहरियों में बिरले ही होता होगा। अन्यथा किसी अन्य गिलहरी की घर के भीतर इतनी लंबी अवधि में वह सोफ़ा, कपड़े आदि कुतर और चीज़ों पर कूद उन्हें गिराकर पूरा घर तहस- नहस करने की क्षमता रखती है। इस किताब के प्रकाशन में पहुँचने तक गिल्लू को हमारे पास आए लम्बा समय हो गया है। इंडियन पॉम स्कुयरैल की उम्र 2 से 4 साल बताई जाती है, जो सुरक्षित परिधि में होने पर 5 साल भी हो सकती है। एक मीठी आस बनी रहती है कि किसी दिन अचानक आकर गिल्लू हमें चौंका देगा।

***

लियो और फ्रेंकी की कहानी कहने का कारण वह घटना जिसे दिवा ने 23 मई 2023 को अपने फ़ोन में दर्ज किया।

खिड़की की लेज पर एक बड़ी गिलहरी के साथ एक बच्चा सटकर सोता पाया गया और कुछ देर बाद दोनों बच्चे उस बड़ी गिलहरी को प्यार करते हुए दिखे। हम ख़ुश हुए कि बच्चों की माँ उन्हें मिल गई थी या किसी स्नेहिल गिलहरी ने उन्हें स्वीकार लिया है। कुछ देर उन्हें देखते रहने पर जाना कि यह मादा नहीं

नर है और गिल्लू से छोटा है। संभवत: जॉय को पिछली गर्मियों के दिनों का अपना यह ठिकाना भूला नहीं था। गिलहरियों की इस दुनिया में जहाँ पिता का अपने बच्चों से कोई रागात्मक लगाव नहीं बनता, जॉय का इन बच्चों पर स्नेह लुटाना स्त्रैण होने की ओर बढ़ता आरंभिक क़दम माना जा सकता है न! इससे सुंदर अंत इस किताब का क्या ही हो सकता है!

विनम्र आग्रह

यह लिख देना ज़रूरी है कि इस किताब को संस्मरण के रूप में पढ़ा जाए। गिलहरी की देखभाल के निर्देशों के रूप में नहीं। हम अनुभवहीन अभिभावक थे। कुछ अपनी समझ और कुछ आस-पास उपलब्ध जानकारी के आधार पर हमनें इन बच्चों को पूरे मन से प्रेम दिया और सँभाला। पैरेंटिंग सही-गलत नहीं होती लेकिन सही दिशा में होने का प्रयास और चाह लिए ज़रूर होती है। इस यात्रा में बहुत कुछ हमनें जाना-समझा और निरंतर सीख रहे हैं।

आपके लिए भी यह समझना बेहद ज़रूरी है कि अकेले विचरण करती हर गिलहरी को आपकी मदद की ज़रूरत नहीं है। अगर बच्चा चोटिल है , बीमार है या डिहाइड्रेटेड (पानी की कमी, सिकुड़ी हुई त्वचा।) दिख रहा है तो साफ़ , मुलायम कपड़े की तह में रख उसे चिकत्सीय मदद देने का प्रयास करें। अगर स्वस्थ हैं तो उसे वहीं रहने दें और उचित दूरी रखते हुए उसकी माँ की प्रतीक्षा करें। बहुत संभव है कि वह घोंसले से गिर गया हो, उसकी माँ आकर उसे अपने मुँह में दबाकर ले जाएगी। अगर माँ नहीं आती तब यह देखना भी ज़रूरी है कि आस-पास किसी घोंसले में या ज़मीन

पर अन्य भाई-बहनों को भी मदद की ज़रूरत तो नहीं हैं क्योंकि भारतीय गिलहरी के 'लिटर' में 2 से 5 बच्चे शामिल हो सकते हैं।

अगर बच्चे का शरीर ठंडा हो तो उसे कुछ खिलाने-पिलाने की बजाय सबसे पहले उसे गर्म रखने की कोशिश करें। किसी मोज़े, दस्ताने या कपड़ों की तह में या हीटिंग पैड को लो सेटिंग पर रख मोटा कपड़ा भी रखा जा सकता है, बस वह त्वचा से दूर रहे। रूई या रोएँदार कपड़े या जिनके धागे निकलते हों, न लें क्योंकि रोएँ उनके श्वसन में बाधक हो सकते हैं और धागे गले के चारों ओर फँस सकते हैं। धागों में फँसकर उनके पंजे क्षतिग्रस्त हो सकते हैं।

सुरक्षित और गर्म डिब्बे में रख उसे बाज़ार में उपलब्ध फॉर्मूला या घर पर उपलब्ध दूध में पानी मिला और निवाया करके ड्रॉपर या सिरिंज से पिलाने का प्रयास करें। इसमें हल्का- सा नमक और चीनी मिला लें।

ध्यान रखें कि 'पुश' न करके उन्हें 'सक' करने दें।

द्रव्य उनकी नाक में नहीं जाना चाहिए।

पंछियों और गिलहरियों के लिए स्पेशलाइज्ड सिरिंज ऑनलाइन उपलब्ध हैं। Wikihow जैसे अनेक साइट्स पर सूक्ष्मता से खान-पान और देखभाल सबंधित विवरण उपलब्ध है। बेहतर होगा कि किसी निपुण पशु-चिकत्सक या अनुभवी गिलहरी-पालक से संपर्क होने तक तीन-चार लिंक से do's and donts पढ़ लिए जाएँ।

अपने घर, सोसायटी, शहर में ख़ूब पेड़ लगाएँ, फल, सब्ज़ी लगाएँ, चिड़िया, गिलहरी, तितलियों और फूलों से भरी सुंदर दुनिया बनाएँ। अपनी आवश्यकताओं को सीमित करें, पहनने, खाने, गृह निर्माण और सज्जा में प्राकृतिक चीज़ों के इस्तेमाल के लिए सजगता लाएँ। जैसा कि अमेरिकन लेखक जूलिया कार्नी ने कहा है -

'दया के छोटे-छोटे से कार्य, प्रेम के ज़रा-ज़रा से शब्द हमारी पृथ्वी को स्वर्गोपम बना देते हैं।'

सस्नेह
निधि अग्रवाल

डॉ. निधि अग्रवाल

प्रतिष्ठित साहित्यकार डॉ. निधि अग्रवाल, पेशे से चिकित्सक हैं। फिलहाल झाँसी में कार्यरत हैं। उनकी रचनाएं हिंदी की प्रमुख साहित्यिक पत्र-पत्रिकाओं में निरन्तर प्रकाशित होती रही हैं। वह कहानी, उपन्यास, कविता के साथ कई विधाओं में लिखती रही हैं। 'अपेक्षाओं के बियाबान' उनका कहानी संग्रह है। 'अप्रवीणा' शीर्षक उपन्यास 2023 में प्रकाशित होकर चर्चित हो चुका है। उनकी सद्यः प्रकाशित पुस्तक-'कोई फ्लेमिंगो कभी नीला नहीं होता'-काव्य संग्रह है। वह उत्तर प्रदेश हिंदी संस्थान के पं. बद्री प्रसाद शिंगलू पुरस्कार सहित अनेक पुरस्कारों से सम्मानित साहित्यकार हैं।

मोबाइल नं. : 6386202712
ई-मेल : nidhiagarwal510@gmail.com